増補改訂版

いつまでも美しく暮らす 住まいのルール

——動線・インテリア・収納

水越美枝子

Comfortable Home

X-Knowledge

はじめに──暮らしやすい住まいは美しい

　15年ほど前のことですが、これから家を建てるお客様のご要望で、私が以前設計をしたお宅に、突然うかがったことがあります。「近くまできたので外観だけでも見せていただけないでしょうか」という私に、ご主人は「あいにく妻は留守ですが、ぜひ家の中へもお入りください」と快く言ってくださいました。
　「こんなに急では家の中も片付いていないだろうし、申し訳ない」と思う私の予想に反して、家の中は美しく整い、暮らしの道具や小物がセンスよく並べられた丁寧な暮らしぶりに、目を見張ったのを覚えています。
　ご主人は、「おかげさまで暮らしやすく片付けも楽なので、妻も、急に人が来ても大丈夫だと喜んでいます」とおっしゃっていました。
　条件さえ揃えば、誰でも家の中を美しく保つことは可能なのだと実感したできごとでした。そしてこのときから、「どうしたら、確実にそんな家を設計できるのか」を考えることが、私の住宅設計の大きなテーマになりました。妻であり母でもある、家事を担う生活者としての視点からもおおいに住まいを考えました。
　そしてたどり着いたのが「暮らしやすい住まいは美しい」というシンプルな答えです。暮らしやすい家であれば、日常の美しさをキープするのに、それほど努力は要らないからです。この本では、そんな家を実現するために、私がいつも設計の基本にしている住まいの「考え方」を書きました。

　ところで、私の事務所では設計した家を実際に見ていただく「住まい講座」を開いています。建て主の方に家の中を開放していただいて、皆さんに自由に見てもらい、どのように考えながら設計したのかをお話しするものです。建て主の方には、どんな家にしたいと思って設計を依頼したのか、また暮らしてみての感想や、住まいのなかでの工夫などを話していただきます。その家がどんな考え方でつくられたかを理解することは、自分の住まいを改めて見直す参考になり、とても役に立ちます。

この講座の参加者は、延べ1500人を超えました。家を建てる参考にしたい
と、飛行機でいらっしゃる方もいれば、現状の住みづらい家をなんとかしたいと
思って参加される方もいます。家を建てる予定のある方もない方も、住まいに関
心のある方は多いのだと毎回実感します。

　この講座の内容をもっとたくさんの方に届けたい。そんな思いから7年前に
この本をつくりましたが、嬉しいことに増刷が続き、この度大幅に加筆修正を
加えた改訂版を出すことになりました。改めて読みなおしながら、ここ数年の
間に私たちの暮らしは社会の変化とともに大きく様変わりをし、設計の手法もさ
らに多様化してきたことに気づかされました。

　家づくりに正解はありません。どんな家にしたいかは、人それぞれ夢がある
はずです。でも、もし「暮らしやすい家」にしたいと思うなら、それなりの正解は
あります。そしてそのセオリーを知っていれば、自分の家に応用することは、決
して難しいことではありません。

　暮らしやすい家は、ゆとりの時間や明日への活力を生み出し、人生を確実
に豊かにしてくれます。お仕着せの住まいに住むのではなく、自分自身で家づ
くりに向き合い、時を経てもなお美しく、いっそう自分たちらしく住める家を手に
入れてください。そして、住まいを考える楽しさもぜひ味わってください。
　本書がその手助けになれば、私にとってこれ以上嬉しいことはありません。

水越美枝子

CONTENTS

第3章
片付けなくても
片付く住まいに

第4章
自分らしい
インテリアを楽しむ

取材・文・構成／臼井美伸(ペンギン企画室)
撮影／永野佳世、馬渡孝則(P56-2,134,141右上,153-4)
デザイン・DTP／池田和子(胡桃ヶ谷デザイン室)
編集／別府美絹(エクスナレッジ)
間取り図／長岡伸行、アトリエ・サラ

第1章

美しい住まいのための 4つのセオリー

自分の家なのにどうして居心地が悪いのか、
どうして片付かないのか、じっくり考えてみたことはありますか?
具体的なノウハウについて学ぶ前に、
美しい住まいづくりのベースになる考え方を、
知っておきましょう。

Theory 1

「住まい」には
人生を豊かにする
力がある

アトリエサラをスタートしてから、これまでたくさんの家づくりをしてきました。すべての家づくりで目指してきたのは、「人が主役の住まい」をつくることです。「どんなふうに暮らしたいのか?」を、住む方と一緒に考えることから始めてきました。

そして今、住まいの主役になった方々が、家で過ごす時間に幸せを感じたり、以前にも増していきいきと暮らしている姿を見て、「住まい」には暮らしを変えるだけでなく、人生までも豊かにする力があると実感しています。

多くの方が40代くらいになると、家の問題で悩み始めます。子どもが成長して、家の中の物が増えてくる。毎日の家事が負担になってくる。インテリアの好みも変わる。親との同居を考え始める人も、いるでしょう。

「毎日片付けることばかり考えて、ストレスがたまります」「こんな家じゃ、息子のお嫁さんを呼ぶのが恥ずかしい」。そんな声も、耳にします。

生活しにくく、散らかりやすい住まいの大きな原因は、家の中の複雑な動線です。動線を見直したプランを立て、それに添って建て替えやリフォームをした方々の多くが、以前の家には間取り(動線)に問題があったこと

に気がついたといいます。

　住みにくさが解消され、一気に快適になる
と、暮らしに大きな変化が生まれます。「以前
は旅行でリフレッシュしていたけれど、今は
家にいる時間がいちばん楽しい」「人を呼ん
でもてなす機会が増えました」。そんなふう
に、こちらから見てもいきいきとして、以前
より若々しく感じられる方もいます。

　「今は子育てや仕事が忙しいから、住まい
のことにまで手がまわらない」と考える人も
多いかもしれません。しかし、家づくりに携
わった方々からは、「こんなに居心地のよい家
になるのなら、もっと早く考えればよかった」
という言葉を何度もお聞きしています。

　忙しい毎日を送るからこそ、効率がよくて
居心地のよい住まいを確保してほしいと思い
ます。そして、一歩外に出れば楽しいことばか
りではない私たちの生活だからこそ、「ここが
自分の居場所だ」と思える安堵感や、「明日も
頑張ろう」という活力をもらえるような住まい
を、手に入れていただきたいと思います。

　長い人生を豊かに自分らしく過ごすため
の、「自分が主役の家づくり」を、ぜひ始めて
みてください。

Theory 2

機能性と精神性の両立で、住み心地のいい家に

　みなさんは、「住み心地のいい家」とはどんな家だと思いますか?
「使い勝手が良くて、暮らしやすい家」
「いつも片付いていて、気持ちがいい家」
「雰囲気があって、くつろげる家」
多くの人が、こんなふうに答えるでしょう。
　「使い勝手がいい」「片付いている」というのは、機能性のこと。そして、「雰囲気があって、くつろげる」というのは精神性です。つまり住み心地のいい家とは、「機能性と精神性が両立している家」だと思います。
　機能性が優れているだけの住まいには、便利さはあっても心地良さはありません。そして、自分にとって心地のいいインテリアを実現させるためには、シンプルな動線と、収納システムがたくみに連携している「土台」が必要です。この土台がなければ、どんなに素敵なインテリアにしようとしても、うまくいかないのです。

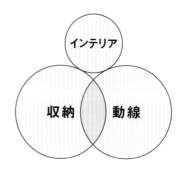

つまり、機能性と精神性、どちらの要素が欠けても満足のできる住まいは手に入りません。ところが家をつくろうとするとき、「機能性」と「精神性」を二者択一で考えてしまう場面がよくあります。

「多少動きにくくなるけれど、ここは見た目を優先させよう」「収納スペースがたくさん欲しいから、部屋が狭くなってもしょうがない」……こうして、「住みにくい家」「人を呼べない乱雑な家」ができあがっていきます。

なぜ、住み心地がよくて見た目もいい家を、誰もが手に入れられないのでしょう?

ひとつの原因は、ここ数十年の間に急速に進んだ和洋折衷の生活に、住宅の考え方が追い付いていないことだと思います。

たとえば個人のスペースと家族の共用スペース、来客が使うスペースが重なり合っていて、生活しづらいこと。物量に見合った収納スペースが十分にないこと。さらに間取り(プラン)の悪さ、つまり家の中の複雑な動線が、暮らしに無駄を強いている場合も多いのです。

ストレスから解放される快適な住まいをつくるために、自分に合った「動線と収納、インテリアの上手な関係」を考えてみましょう。

Theory 3

美しい
住まいのカギは
「動線と収納」の
組み合わせ

設計を引き受けるときは、建て主の方の暮らしを理解し、住まいに対する考え方を共有するために、時間をかけてヒアリングをしています。そこで出てくる「家の悩み」のトップは、収納の問題です。

「片付けても片付けても、散らかってしまいます」「物が多すぎて、しまう場所がありません」。みなさん、そうおっしゃいます。

実際に、片付かない原因、家が散らかる原因はどこにあるのでしょう？

たいていの人は、自分の家事能力や性格が原因だと思っています。でも、これまで多くの家を見てきた私の経験からいえば、片付けがうまくいかない原因は、その家の間取りや収納に問題がある場合が多いのです。

「片付かないのは、あなたのせいじゃないですよ」と言葉をかけると、思わず涙ぐんでしまう方もいらっしゃいました。

私はいつも、自信を持ってこう言います。「無理に物を減らさなくても大丈夫。片付けなくても自然に片付く家をつくりましょう」。

そのために、設計前に建て主の方の持ち物の量や家具を把握し、新居での置き場所をすべて決めるようにしています。そうすれば、各所に必要な収納スペースを設計に盛り込む

ことができるからです。

ここで大切なのは、「動線上の最適な場所に、収納を設けること」。収納だけをむやみに増やしても、意味がありません。動線と収納がリンクして、初めて意味があるのです。

そしてもうひとつ提案しているのが、「高密度収納」。床から天井までの高さをいっぱいに使い、棚の枚数を増やすという収納法で、限られた空間で、収納スペースを増やすためのテクニックです。

「収納スペースを増やすより、物を減らすべき」と考える人もいます。でも、それができない人がたくさんいるからこそ、いつまでも収納の悩みはなくならないのではないでしょうか。私は、極力物を捨てずに片付ける方法を提唱してきました。高密度収納を使えば、小さな家にも大きな収納スペースが生まれます。

これらの工夫により、片付けを意識しなくても、自然に片付き、散らからない家になります。新築でもリフォームでも、今までに設計した家は、その後、いつ訪ねて行っても物があふれていることはありません。効率的に整えた収納スペースをうまく利用して、さっと人を迎えられる状態にできるのです。

Theory 4
「視線」を意識して住まい全体の印象を変える

インテリアには、特別なセンスが必要だと思っている方もいるのではないでしょうか。「インテリアの本を見ると、素敵だなと思うけれど、わが家には無理」。そんなふうに、インテリアは「難しいもの」と思っている人も多いようです。でも、決してそんなことはありません。自信がないのは、自分がどんなインテリアが好きなのか、わかっていないのが原因かもしれません。

自分の家をセンスのいい空間にしたいと思うなら、意識的にいいインテリアをたくさん見たり、体験することが大切です。なぜならたいていの人の創造力は、本や、実際に見た空間が元になっているからです。それらを蓄積することができれば、自分の中にインテリアのアイデアが浮かぶようになり、どんどんセンスはよくなります。

そういう意味で、インテリアは語学と似ているような気がします。ふだんからなるべく外国語を使う環境に身を置いたり、聴き続けていると、ある日突然理解できるようになったり、しゃべれるようになったりするのと同じです。

美意識は、長い間の積み重ねで育まれます。センスを身に付けるには、いい空間をたくさ

ん見て、そしてそれがなぜいいのかを、自分
の中で意識していくことが大切です。

　インテリアの映える住まいにするために、
プランの工夫や、さまざまな仕掛け作りがあ
りますが、同時に、インテリアを楽しむため
の効果的なテクニックもあります。
「フォーカル・ポイント」という考え方です。
　フォーカル・ポイントは〝焦点〟という意味
ですが、建築やインテリアの世界では「ある
空間に入った時に、最初に視線が集中する場
所」という意味で使われます。たとえば、門を
入ったとき、玄関やリビングのドアを開けた
とき、最初に目に飛び込むところが、フォー
カル・ポイント。インテリアの空間をとりあ
えず美しい印象にするには、このフォーカル・
ポイントを意識して整えることをおすすめし
ています。
　自宅の中でも〝目線〟を意識した生活をし
ていると、外出先でも、自然といい空間に敏
感になって、心の琴線に触れるようになりま
す。そこがなぜ素敵に見えるのか、居心地良
く感じるのかを、一度立ち止まって考える。
それを習慣にするだけで、確実にセンスは
アップしているのです。

第2章

「動線」と「間取り」で暮らしを快適にする

「動線」とは、住まいの中で人が動く軌跡のこと。

何かするたびに、無駄に動き回らなければならない家は、

心地よい住まいとはいえません。

動線を左右するのはプラン、つまり「間取り」。これを

見直すと、時間の効率がよくなり、散らかりにくくなります。

1. 寝室と水まわりが近い住まいは暮らしやすい

寝室、洗面室、浴室が隣り合っている「ホテルプラン」。朝の身支度や夜の入浴、就寝の際の動線が非常に短く、生活しやすい。（玉木邸）

身支度や家事の動線を
短くして、効率よく暮らす

「洗面室の場所を見直すことが、生活をしやすくする鍵になる」——毎回家をつくるたびに、このことを実感します。今では新築でもリフォームでも、〝洗面室のリセット〟が、私の設計の中心的な提案のひとつです。

洗面室は、さまざまな生活行動をする場所であり、いまや生活の質を変えるグルーミング（身だしなみ）空間になっています。家族みんなが一日何度も使う共用部分でありながら、ここですることは、裸になったり、歯を磨いたりといった、極めてパーソナルな行動です。この大事な空間が、住まいのなかの適切な位置にあり、快適さを満たしていることが、効率のよい暮らしにつながるのです。

私がすべてのお客様に提案しているのは、「水まわりをできるだけ寝室に近づけるプラン」です。朝起きてすぐ、洗面、着替えなどの身仕度をすませた状態で、キッチンに行くことができる。入浴後にはすぐ、洗面室やそれに続く寝室のクロゼットから、下着やパジャマを取り出して着替えることができる……。

単純なことのようですが、実際にこのような間取りで暮らしてみると、劇的に生活が変化することがわかるはずです。小さい子どもがいる家ならなおのこと、その快適さを実感できるでしょう。二世帯住宅の場合、玄関、キッチンなどは共用でも、洗面室だけは分けるようにしています。

水まわりの動線を変えることで、効率的に暮らすことができたり、家族のストレスを減らすことができるはずです。

手前の洗面室から主寝室、キッチン、ダイニングへとバリアフリーの引き戸でつながっている。玄関のそばにパウダールームがあるので、来客がこの洗面室を使うことはない。(新地邸)

2人の姉妹の部屋の間に、トイレと洗面スペースがあり、両側から入ることができる（左図参照）。朝起きたら、大きな移動をせずに身仕度がすませられるので快適。(新地邸)

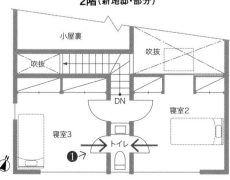

2階（新地邸・部分）

小屋裏

吹抜　　吹抜

DN

寝室3　　トイレ　　寝室2

N

❶

洗濯動線を見直せば
生活が変わる

洗濯は、食事の支度と同じように、ほとんどの人が毎日行う家事です。洗濯だけでなく、衣類を着たり脱いだり、たたんだり、しまったりという動作も含めると、私達が衣類のために移動している距離は、かなり長いものです。私はこの「洗濯動線」を、家全体のプランを考えるときの基準にしています。

たとえば、パジャマを例に考えてみてください。朝起きてパジャマを脱いでから、夜再び着るまでに、右のように7つの行動をしているはずです。それぞれの場所を移動するのに、あなたは何歩くらい歩いているでしょうか？

この歩数が少ないほど、時間を効率的に使うことができます。洗濯機から干し場まで階段を昇ったり、たたんだ洗濯物を家族それぞれの部屋に運んだりしていると、家事の負担も大きくなります。「数十歩の差なんて、小さなこと」と思うかもしれませんが、積み重なると、一生の間に無駄にする時間や労力、ストレスは、思った以上に大きいものです。

動線は工夫で短くできる

新築やリフォームの予定がない場合でも、収納場所を変えたり、スペースの使い方を見直すことで、洗濯動線は短くすることができるかもしれません。

たとえば入浴のたびに、わざわざ下着やパジャマをクロゼットまで取りに行くのは面倒なものです。下着やパジャマが洗面室にあれば、どんな部屋からでも洗面室に直行することができ、上図の⑥→⑦の動線をなくせます。

乾燥機を導入すれば、さらに洗濯動線は短くなります。干したり取りこんだりする必要がないので、②→⑤の動線を短くできます。また、時間を気にせず洗濯ができます。

洗濯動線が短くなると、生活がシンプルに、快適になるはずです。年をとってからの暮らしを視野に入れるなら、肉体的な負担を減らすための効率化を図りたいものです。

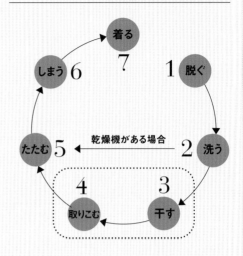

パジャマや下着の洗濯動線

着る 7
しまう 6
たたむ 5
脱ぐ 1
洗う 2
干す 3
取りこむ 4
乾燥機がある場合

それぞれの動作の間に、何歩歩いているか数えてみましょう

こんな動線の歩数は何歩？

キッチンの作業台	⇔	電子レンジ
キッチンの冷蔵庫	⇔	シンク
キッチンのシンク	⇔	ゴミ箱
取り皿やカトラリー	⇔	ダイニングテーブル
洗濯ハンガー	⇔	干し場
子どもの勉強道具	⇔	いつも勉強する机やテーブル
筆記用具	⇔	書きものをする場所
アクセサリー	⇔	鏡

洗濯、片付け、身支度が一カ所でできる回遊動線

　寝室が2階にある場合、水まわりも2階にあると、生活の動線が楽になります。右図の井藤邸では、寝室、洗面室、浴室、トイレを2階に集め、洗面室の中に大きなクロゼットと干し場も設けました。身支度や着替え、洗濯が一カ所でできるので、効率的です。洗面室の中心にある収納棚のまわりをぐるりと回れるレイアウトなので、さらに動線がスムーズに。なにより衣類がこの部屋だけに留まるので、他の部屋が散らかりにくくなります。お客様が使うトイレは1階にあるので、来客のたびにあわてて掃除する必要もありません。「朝出かける準備がスムーズになりました」と、喜んでいただいています。

洗濯動線の例（井藤邸・2階）

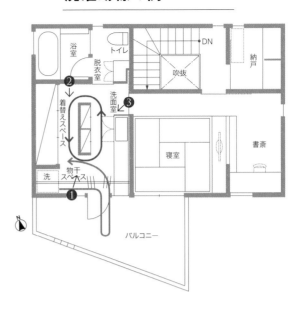

❶干し場の方から見た洗面室。真ん中にリネン収納棚があり、ぐるりと回れる。奥のドアは、脱衣所と浴室、トイレに続いている。❷洗濯機は、洗濯物を干すバルコニーのすぐそばにある。バルコニー側は一面窓なので、室内干しでも洗濯物がよく乾く。クロゼットの背面は、物が掛けられるメッシュパネル。❸寝室（和室）のすぐとなりに洗面室があるので、朝起きてすぐに身支度ができる。広い洗面台は、洗濯物をたたんだり、アイロンをかけたり、ペットをシャンプーするときのスペースになっている。（井藤邸）

洗濯動線の例① — 高橋邸

「ホテルプラン」で
朝晩の動線をコンパクトに

　夫婦の寝室を中心に、身支度動線と洗濯動線を考えた例です。寝室はクロゼットを設けただけの、シンプルなつくり。寝室と洗面室、浴室を連続させる「ホテルプラン」で、朝晩の身支度や洗濯の動線をコンパクトにしています。また、洗濯物を干すバルコニーも、寝室に隣接しているので、「洗う⇒干す⇒しまう」の衣類の動線がスムーズ。洗濯物を抱えて、階段を昇り降りする必要がありません。洗面室にはたっぷりの収納スペースがあるので、下着やパジャマも収納することができます。

❷

2階

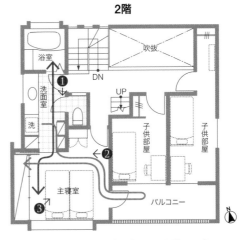

2階にプライベートな個室や水まわりを設けるプラン。洗面室の出入り口は、寝室側だけでなく、子どもたちが使う廊下側にも設けている。

❶夫婦の寝室から洗面室、トイレ、浴室が連続している「ホテルプラン」。左手には、洗面用具や洗濯用品、タオルなどがたっぷり入る収納スペースが。❷寝室には、洗濯物を一時的にかけられるロープがある（使わないときは収納できる）。❸ベランダから取り込んだ洗濯物は、②のロープにかけ、ベッドの上でたたんで、寝室にあるクロゼットに収納できるという、最短の動線。

CASE 2

洗濯動線の例② ─ 上山邸

ファミリークロゼットが
洗濯室と寝室をつないでいる

　洗濯物を、おもに乾燥機を使って乾かす場合のプランです。2階の洗面室の中に洗濯機と乾燥機があり、夫婦二人の衣類を収納するウォークスルータイプのファミリークロゼットが隣接してあり、夫婦の寝室へとつながっています。洗濯・乾燥が終わったら洗濯機のそばにあるカウンターで衣類をたたみ、アイロンが必要なものはここでかけて、隣のクロゼットに片づけることができるので、洗濯の動線が短くてラクです。朝晩の身支度動線も短く、洗面や着替えを一カ所ですませて、1階のダイニングへと降りていけます。

洗濯、乾燥、アイロンがけが一カ所で終わるので、洗濯動線が短い。アイロンがけした衣類を、上のポールにかけることもできる。**❶**

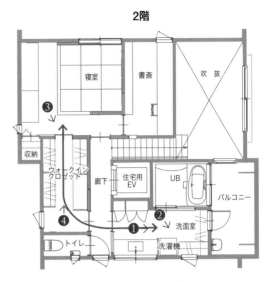

2階

2階に寝室、水まわり、夫の書斎などのプライベートスペースを配置したプラン。老後の生活を見越して、エレベーターも設けた。

洗面室の中にあるランドリーコーナー。乾燥機の隣で洗濯物をたたんだり、アイロンがけをすることができる。

❸ファミリークロゼットは、扉を開け放つと洗面室から寝室への通路になる。朝晩の身支度動線が短い。❹洗濯室の隣にある、ウォークスルータイプのファミリークロゼット。夫婦の衣類をまとめて管理することができる。

2. 家事が一カ所ですむ動線を考える

毎日の家事の動線を限りなくゼロに近づける

家事にとられる時間は、短いほうがいい。それは、専業主婦にとっても働く主婦にとっても同じです。毎日の料理や洗濯が同じ場所でできれば、非常に効率的です。

それを実現するプランのひとつが、キッチンの中に洗濯機を配置するというものです。この場合大切なのは、洗濯物を干す場所も、キッチンの近くにあることです。そうすれば、重い洗濯かごを抱えて、リビングを横断したり、階段の昇り降りをする必要がなくなります。

将来、高齢になったときのためにも、家事の負担が少なくできるプランを考えておくことは大切です。

奥様が家にいることの多い家庭では、キッチンの隣に家事スペースがあると快適に。パソコンを置いて、レシピ検索をしたり、家事の合間にメールチェックもできる。
（青木邸）

❶キッチンスペースの中に、洗濯機を設置。来客時は扉をスライドさせ、洗濯機を隠すことができる。干し場のバルコニーは、キッチンに隣接しているので動線が短い。❷意外と置き場に困るのが、洗濯ハンガー類。洗濯機の脇に、ハンガーをバーにかけて収納できるラックを設けた。(青木邸)

2階

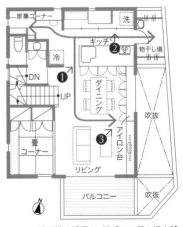

アイロン台も、置き場に困る家事用具のひとつ。ダイニングにあるカウンターの一角に、アイロン台を設置。使わないときは折りたたんですっきり収納できる。(青木邸)

キッチンに洗濯機を設置し、勝手口に干し場を設けることで、朝夕の忙しい時間に、家事をほぼ一カ所ですませられる。(青木邸)

洗濯・乾燥・収納が一カ所でできれば
洗濯動線はゼロになる

　最近では、洗濯物を外に干さないという人が増えてきています。共働きなので夜に洗濯したいとか、花粉が気になるといった理由からです。現在では、相談に来る方の8割が、乾燥機、もしくはユニットバス乾燥を導入しています。もし乾燥機があれば、「洗う→干す」が一か所でできます。さらに、近くにクロゼットがあれば、洗濯動線はゼロになります。

　物干し場を家の中につくりたい場合は、日当たりのいい部屋の天井に物干しパイプを設置することになります。その際はできるだけ洗濯機のそば、もしくはクロゼットのそばに設置することで動線をゼロに近づけます。

1 洗濯機のある洗面室の隣に、洗濯物を干したり、たたんだり、アイロンがけができるユーティリティルームがあり、さらにそれがファミリークロゼットにつながっている。(森尻邸) 2 洗面室の中に、洗濯機、干し場、クロゼットがあるので、洗濯動線はゼロ。(浦崎邸)

家族4人のファミリークロ
ゼットの中に、洗濯機と乾
燥機を設置。「洗う→乾燥→
しまう」が一カ所でできる。
(後藤邸)

3. ライフスタイルで動線を考える

「住む人が主役」の家にするために必要なこと

階段を一日何度も昇り降りするような間取りや、夫婦二人だけなのに細かく区切られた使いにくい間取り……そんな家のつくりに、無理に合わせながら暮らしていると感じることはありませんか？　それがどんなに不便なことか、気がつかないまま暮らしている人もいるでしょう。

そろそろ立ち止まり、このような住まいや住まい方を見直すときです。パターン化された「お仕着せの家」に自分の生活スタイルを合わせるのではなく、意識的に「自分優先」の住まいを計画することが大事だと、多くの人が気づき始めています。住みづらい家をリフォームして、きゅうくつで無駄の多い暮らしを見直す人が増えているのです。

ようやく、「住む人が主役の家」の時代がやってきたといえます。

住まいは、生き方を表現する場所です。と言ったら大げさといわれるかもしれませんが、どんな家に住みたいかは、どんな暮らしやどんな生き方をしたいかということに大きく関わっています。

一日の大半を家で過ごす主婦がいる家と、共働きで昼間はいない家では、快適な間取りの考え方は多少違ってくるはずです。たとえば働く主婦にとっては、主婦のスタイルから仕事のスタイルへの切り替えがスムーズであることが、暮らしやすさのひとつのポイントになります。従って、身支度の場所の動線が非常に重要です。

小さい子どもがいる家では、どうしても子どもの物が散らかってしまうことが、ストレスになります。来客のたびにストレスを感じずに暮らせるような間取りを、考えることが大事です。

年とった親世代と同居する家では、それぞれがプライバシーを守れる空間を確保できること、どちらかに我慢を強いる間取りになっていないことが大切です。

ストレスのない、快適な住まいをつくるためには、それぞれの家族構成、生活スタイルに沿った工夫が必要です。自分たちのそのときそのときの暮らしに合わせて、住まいを見直してみましょう。そのためには、「動線を点検すること」が、いちばんの近道です。動線を見直すことは、「暮らしそのものを見つめ直す」ということなのです。

（北原邸ダイニング）

共働き家庭の動線例 — 玉木邸

働く主婦が暮らしやすい家は
身支度動線がポイント

　フルタイムで働くご夫婦と一緒に、家事効率のいい動線を練り上げました。1階には主寝室と水まわり、2階にLDKと客間という構成です。

　1階は、「寝室→洗面室→家事室→ウォークインクローゼット→寝室」という回遊動線になっています。共働きの二人にとっては、朝出かける準備をするときにここで一度に身支度ができるので、効率がいいのです。

　帰宅後も、1階ですべて身支度が終えられるので、2階に上がる前に主婦モードに切り替えられます。パジャマや外出着のままリビングを横切る……といったこともありません。

❶玄関からプライベートゾーンのウォークインクロゼット、そして洗面室へとつながっているので、仕事から帰ったらここで主婦モードにスイッチを切り替えることができる。❷左側が寝室、右側がウォークインクロゼット。奥でつながっていて、ぐるりと回遊動線になっている。起床後の洗面、身支度もスムーズ。

❸

❹

❺

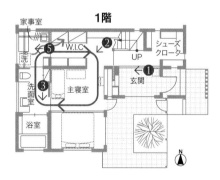

1階

家事室

洗

❺ W.I.C ❷
UP

❸ 洗面室

主寝室

玄関 ❶

浴室

シューズクローク

N

2階

冷
キッチン
DN

和室

ダイニング

リビング

バルコニー

❹

❸寝室に隣接した洗面室。奥はバスルーム、写真の手前にトイレがある。浴室との間仕切りは透明にし、明るさと広がりを出した。左の壁にはタオルウオーマーも設置。❹2階にある、日当たりのいいリビングルームとキッチン。右手奥にはパウダールームと客間がある。❺ウォークインクロゼットと洗面所をつなぐ家事室。洗濯機の上にパイプを渡してあり、大きく開けた西側の窓の陽で、洗濯物がよく乾く。カウンターでは、洗濯物をたたんだり、アイロンがけをすることができる。

1階には主寝室と水まわり、2階にLDKと客間を設けた。2階にも洗面スペースのついたパウダールームがある。キッチンやリビング・ダイニングは2階にして、日当たりとプライバシーを確保。

小さい子どものいる家庭の動線例—北原邸

寝室と水まわり、プレイルームを2階に集めた間取り

　子育て中の家づくりのポイントは、両親のストレスをなくすこと。みんなで眠る寝室の近くに洗面室があれば、朝と夜の身支度がスムーズにできて、親子の時間が効率よく運びます。また、「どんなに散らかしても気にならない」という子どもコーナーを設ければ、両親はいつも笑顔でいられます。

　北原邸は、まさにそんな家です。子どもたちのプレイルームは、リビングから直接見えないつくりなので、散らかっていても目に入りません。2階までの吹き抜けにしたことで光をたっぷりと採り込み、家族の気配も感じながら、ストレスなく暮らせる間取りになりました。

❶

❷

❸

❶吹き抜けになっているので明るく、開放感のあるリビング。プレイルームは階下から見えないので、来客がいても安心。❷子どもたちが思いきり遊べる広いプレイルーム。成長したら、二つに仕切って子ども部屋にする予定。❸キッチンとダイニングに隣接する和室。キッチンに立つときは、ここで子どもを昼寝させたり、遊ばせておくことができる。

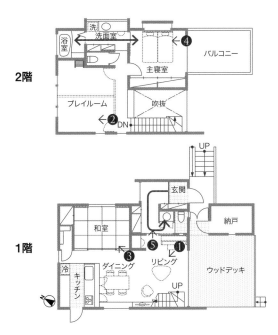

2階

洗面室 / 浴室 / 主寝室 / バルコニー / プレイルーム / 吹抜 / DN ❹ ❷

1階

UP / 玄関 / 納戸 / 和室 / ダイニング / リビング / ウッドデッキ / キッチン / 冷 / UP ❸ ❺ ❶

1階の広々としたウッドデッキの脇には、夫のサーフボードなどを収納する納戸が。2階はプレイルーム、寝室、トイレなどプライベートゾーンを集めた。

❹

5

❹寝室から洗面室、浴室へと続いている間取りなので、子どもをお風呂に入れたりするのにも便利。洗面室には、プレイルームからも直接行ける。❺玄関の近くにお客様用の洗面室とトイレがあるので、子どもが帰ったらすぐに手を洗うこともできる。

シニア夫婦の動線例—岡崎邸

空いた子ども部屋をそれぞれの書斎に 自分時間を楽しむ

　子どもたちが自立して、夫婦二人暮らしになった家の
リフォームプランです。子ども部屋だったところを、夫
婦それぞれの個室につくりかえました。日中は別々に自
分の好きなことをして、夕方からは一緒にくつろぐとい
う、二人の生活スタイルに合わせました。二人一緒にキッ
チンに立つことも増えたため、キッチンは広めに。洗濯
には乾燥機を導入し、各部屋に収納をたっぷり設けたこ
とで、家事の負担が減り、自分のための時間を充実させ
ることができるようになりました。

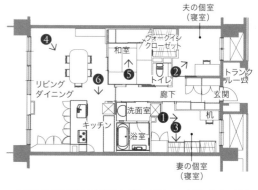

❶玄関を入って左にある、妻の個室。昼間は仕事に出るが、帰宅後や休日
はゆっくり読書などをして過ごす。❷玄関を入って右にある、夫の個室。
パソコン作業や書き物などに集中できる。❸妻の個室の壁面に設けたク
ロゼット。衣類は各自で管理する。

北側の子ども部屋を夫婦それぞれの個室に。南側の小さい居室
をなくして、大きなリビング・ダイニング・キッチンにした。

❹

❺

❹2つの居室の間の壁をなくしたことで、一日中明るい日差しが差し込む空間に。キッチンもオープンにした。❺夜は個室ではなく、和室で一緒に休む。吊り押入れを設けて、それぞれの布団を取り出しやすく収納。❻リタイア後は、料理をつくるのはおもに夫の担当。キッチンの背面に収納を充実させたので、いつも物が外に出ていない状態にリセットできる。

❻

CASE 6

二世帯同居家庭の動線例―小川邸

ドアを閉めれば
お母様の独立住居になる

　同居型二世帯の場合、快適に住まうための
ポイントは洗面室にあります。それぞれの身
支度の場所である洗面室を分けることで、お
互いのプライバシーを侵すことなく、快適に
住むことができるのです。高齢になるととく
に、洗面室までの距離は近ければ近いほど便利
なもの。小川邸では、お母様専用の洗面スペー
スを寝室に設けたので、家族のことを気にせず
にいつでもゆっくり使うことができます。

　さらに、リビングと玄関ホールをつなぐ扉
を閉めれば、トイレ・浴室まで続くスペース
を、お母様の独立した住居として使うことも
できます。お母様はこの動線を「居心地のい
いホテルのよう」と、気に入ってくださって
います。

　子世帯の寝室と洗面室、トイレは2階に設
けました。

❶1階にあるお母様の寝室。プライベートを邪魔されず、大きな窓
から庭を眺めることができる。置き畳は、お友達が来たときのベッ
ドとしても活躍。❷クロゼットの中にビルトインした、お母様だ
けの洗面スペース。ベッドのそばにあるので、朝晩の身支度や外
出にも便利。

③

④

⑤

❸二人で立っても広々と使え
るキッチン。背面の棚を使わな
いときは、扉を閉めればすっき
り。調理する手元がリビング・
ダイニングから見えないよう、
カウンターは25cmほど高くし
た。❹洗濯機は、両方の世帯が
使いやすくするため、階段の一
番下に設置した。扉を閉めると
見えない。❺階段を上がってす
ぐ左手にある、子世帯のパソコ
ンコーナー。二世帯の住まいで
は、日中、一人になれるスペース
を確保することも大切。

1階

2階

リビングは吹き抜けにし
て、開放感のあるLDKに。
家中どこでも明るく、風が
通りやすいつくり。

4. パブリックスペースと プライベートスペースを分ける

玄関のそばに設けられたパウ
ダールーム。手洗いカウンター
も設けられている。(小川邸)

来客時に家族が
我慢しなくていい家に

「人が来る」となると、あわてて水まわりをきれいにする人は多いのではないでしょうか。また、「身仕度中の家族と来客が、洗面室で鉢合わせしてしまう」というお宅もあるでしょう。

家族のためのスペースと、来客があるときに使うスペースを分けて考えておくと、暮らしやすくなります。このために有効なのが、手洗いカウンターと鏡のついた、来客用のトイレの設置です。私はこのようなトイレを「パウダールーム」と呼んでいます。お客様が「ちょっと手を洗わせて」というときに、家族で使う洗面室に案内しなくてもいいので、気が楽です。パウダールームは通常、玄関の近くに設けます。帰り際のお化粧直しに使っていただくこともできるので、便利です。

ふだんはリビングの続きとして使っている和室だが、来客が泊まる際は、引き戸とプリーツスクリーンで間仕切ることができる。引き戸の奥の扉は、パウダールームのある玄関ホールにつながっている。(片山邸)

1階(沼尻邸・部分)

❶リフォームで廊下にパウダールームをつくった例。左に手洗いカウンター、右に便器があるパウダールームは、ふだんは玄関側からもキッチン側からも使えて、キッチンへの通路にもなる。❷来客時は奥のドアのカギを閉めれば、お客様のためのパウダールームに。(沼尻邸)

5 キッチンを コミュニケーションスペースに

夫婦と4人の子どもが出入りするキッチン。シンクが2カ所にあるので、手分けして下ごしらえや後片づけができる。(フレミング邸)

①

「ひとりで働く場所」から 「家族が出会う場所」に

キッチンが主婦だけの場所だったのは今や昔、現在では男性も、子どもたちも出入りするのが当たり前の場所になりました。共働きや、子どもの塾通いなどが増えたことで、家族全員が一緒に過ごす時間が減ってしまったからこそ、家族がつながるための大切な場所として、キッチンの存在感が大きくなっているように感じます。それに伴って、「キッチンはコンパクトなのが使いやすい」という考えも変わりつつあります。家族が無理なくすれ違えるくらいの通路幅、回遊できる動線など、家族が一緒に作業をしやすいキッチンが求められています。

❷作業台を中心に置いた回遊動線なので、一緒に作業するのもスムーズ。料理するだけでなく、家族が集まって会話を楽しむ場所にも。❸みんなが調理しながら見られる場所に、タブレットの置き場を設けた。(フレミング邸)

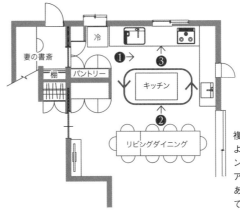

複数人で作業ができるように、大小2つのシンクを設けた。中央にアイランドの作業台があり、回遊動線になっている。(フレミング邸)

1

料理する人と
食事する人を分断しない

　クローズドのキッチンが多かった時代は、
「つくる人はキッチン、食べる人はダイニン
グ」というふうに分断されていました。しか
し現在では、リビング・ダイニングとひと続
きになったオープンキッチンが主流です。レ
ンジフードの性能がよくなり、匂いが気にな
らなくなりましたし、食器洗い機をキッチン
に組み込むことが一般的になってきて、キッ
チンがすっきりと使えるようにもなりまし
た。オープンキッチンでは、物がカウンター
上に出たままにならないように、キッチンの
収納を充実させることが求められます。

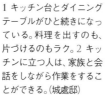

1 キッチン台とダイニング
テーブルがひと続きになっ
ている。料理を出すのも、
片づけるのもラク。2 キッ
チンに立つ人は、家族と会
話をしながら作業をするこ
とができる。(城處邸)

2

高齢の母が座って作業できるように、キッチンの一角に設けられたスペース。料理をする娘と会話を楽しむことができる。（西野邸）

オープンキッチンでは、料理をしながらダイニングルームにいる家族と会話を楽しむことができる。（上谷邸）

6 集中できる ワーキングスペースをつくる

リビングの中に設けたワーキングスペース。オンライン会議のときはひとりで使用することで、お互いにストレスなく仕事ができる。(金谷邸)

ガラス窓から光が差し込む明るい空間。スペースの外にいる家族とゆるくつながることができる。(金谷邸)

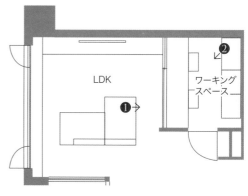

自宅で仕事をする夫婦のために、リビングの中に約3畳のワーキングスペースを設けた。外の音を気にせず作業に集中できる。日当たりのいい場所なので、日中は照明も必要ない。

閉鎖的になり過ぎず
こもれる場所をつくる

　私は以前から、おもに趣味や読書などのためのスペースとして、家の中に「自分だけの書斎」をつくることを提案してきました。リモートワークが増えた現在、「ワーキングスペースをつくっておいて本当によかった」という声をたくさんいただきました。オンライン会議の多い人におすすめなのは、昼間使わない寝室をワーキングスペースにするというプラン。寝室の壁面にカウンターと収納を設けて、椅子を入れられるようにするだけで書斎になります。「家族とつながれる場所がいい」という人には、リビングやダイニングの一角につくることを提案しています。

1 子どもの独立を機に、寝室を分けた夫婦。夫の寝室の一角に、ワーキングスペースを設けた。(坂本邸) 2 2階の廊下の一角に、カウンターを設置してワーキングスペースに。納戸の入り口なので、ほかの家族の出入りも少ない。(日野邸)

7. 夫婦それぞれの スペースを 大切にする

寝室の入り口のスペースを利用して、夫の書斎に。ひとりで仕事や趣味の時間を過ごすことができる。（玉木邸）

個人スペースを
確保することで
気分良く暮らせる

　家の中で夫婦が仲良く過ごすための秘訣は、それぞれがひとりになれる空間があること。いつもリビングやダイニングで一緒に過ごすのではなく、ときにはひとりで仕事や趣味に没頭する時間を持てれば、お互いに気分良く暮らせるのではないでしょうか。

　「夫のためのスペースはあるけれど、妻のスペースはない」というお宅も多いようです。でも、妻にもパソコン作業をしたり書き物をしたりするスペースがあるべきだと思います。

　専用のスペースがあれば、作業を中断してもすぐ戻れますし、物をリビングやダイニングに持ち込むことがないので、散らかりにくくなります。

1

2

3

1 キッチンの一角に設けた、妻のための小さな書斎。パソコンを使ってレシピ検索をしたり、家計簿をつけたりと、自由に使うことができる。2 2階の廊下に設けた、夫のスペース（写真は、1階のリビングから見上げたところ）。3 パソコンやプリンター、本や書類などが置ける。（片山邸）

CASE 7

寝室を別にした家の動線例—金谷邸

お互いの過ごし方を尊重することで夫婦の時間も充実する

「寝室を別にしたい」という要望は、シニア世代の夫婦だけのものかと思ったら、若い世代にも増えています。夫婦がそれぞれを「個」として尊重する時代になったのだと感じます。寝室を分けることで、生活リズムが違う夫婦も、がまんせずに自分のペースで過ごすことができます。このプランでは、妻と夫にそれぞれの個室を設け、寝室として使うことにしました。妻の寝室がウォークイン・クロゼットを通じて、洗面室や浴室につながっていて、身支度がスムーズにできます。それぞれが「自分だけの空間」を持つことで、一緒に過ごす時間も以前より楽しくなったといいます。

玄関を入って右側が妻の寝室、左側が夫の寝室になっていて、妻の寝室はクロゼットを通って洗面室につながっている。リビングにはワーキングスペースもある(P.48参照)。

❶妻の寝室から、ウォークイン・クロゼットを通って洗面室に行くことができて、身支度動線が短い。❷妻の好きなインテリアで統一された寝室。灯りを消すのも自分の好きなタイミングでできる。

❸夫の寝室にもウォークイン・クロゼットがあり、衣類はそれぞれで管理する。❹夫の寝室には、専用のテレビも設置している。

ダイニングには二人の共有の物が置いてある。たっぷりの収納があるので、散らかってもすぐにリセットできる。オープンキッチンで、一緒に料理をすることも。

8 ペットにも 快適な間取りを 考える

リビングの天井近くに
キャットウォークが張り巡
らされている。窓の外を見
るのが大好きな愛猫のため
に、吊り板も設置。(島田邸)

テレビ台と同じ素材で、キャットウォークを設置。リビングでくつろぎながら、愛猫が動き回る可愛い姿を眺めることができる。(三井邸)

お互いに邪魔にならず のびのびと動ける 空間をつくる

　家で過ごす時間が増え、ペットを家族に迎える家が増えています。とくに猫が多いそうです。住み替える際には、人だけでなくペットにとっても暮らしやすい間取りについて、よく考える必要があります。

　現在では飼い猫を外に出さず、室内だけで飼う家が多くなっているので、天井や壁にキャットウォークを設置することをよくおすすめしています。人間が歩けない場所に猫専用の通路があることで、お互いに邪魔にならず動き回れますし、猫の運動不測の解消や、ストレス発散に役立ちます。テレビの周りなどにバランスよく設置されたキャットウォークは、リビングのインテリアのポイントにもなります。

ドアを閉めているときでも猫が行き来できるように、ドアの下に猫用の小さなスイングドアを設置した。(福山邸)

ペットのための居場所をつくることで
人も暮らしやすくなる

　ペットと一緒に暮らす家には、ペットのための食事場所、トイレ、寝床などが必要です。しかし実際には、廊下にペットのトイレが置いてあったり、リビングに寝床があったりと、人の生活の邪魔になっていることが多いのです。ペットのトイレや寝床は、洗面台の下のオープンスペースに設けるほか、階段下のデッドスペースを利用するのもいい方法です。壁面収納の一番下をオープンにして、寝床を置くこともあります。そのほか、お世話に使う道具やおもちゃの収納場所も必要になります。

1 写真右側にあるのは、階段下の変形スペースを利用してつくった、愛犬の寝室。リビングの中にスペースをつくる必要がないので、広々と使うことができる。(坂本邸) 2 愛犬を散歩に連れて行くときに必要なリードやおもちゃなどを、すべて収納しておけるスペースを玄関に設けた。(押切邸)

壁面収納の一番下を一部オープンにして、猫の寝床を設置。部屋にはみ出さず、すっきりと収められる。(西村邸)

3 リビングと寝室をゆるく仕切っている造りつけのカウンター収納の一部をオープンにして、猫のトイレ置き場に。上部には猫草を置いている。
(島田邸) 4 キッチンのパントリー収納の下をオープンスペースにして、猫の食事場所に。(福山邸)

第3章

片付けなくても
片付く住まいに

住まいをきれいに、快適に保つためのカギは「収納」にあります。
「片付けても片付けても、散らかってしまう」という場合は、
家の間取りや収納の方法に問題があることも多いのです。
いくつかの法則とテクニックを知って、しまう場所と量を
上手にリセットすれば、住まいはいつも自然に片付きます。

1. 収納が家を広くする

天井までのパントリーで、たっぷりの収納量を確保。棚の高さは、収納する物の高さに合わせて調節ができる。(坂本邸)

収納がうまくいけば
家は生まれ変われる

　家をきれいに保つためには、常に片付けをしなければならないと思っている人が、多いのではないでしょうか。また、「家が散らかっているのは、自分が片付け下手だから」と、自分の家事能力や性格に責任があると思いこんでいる人もいるでしょう。

　しかし、これまでにたくさんのお宅を見てきましたが、収納がうまくいかないのは、家の間取りや収納の方法に問題がある場合のほうが、はるかに多いのです。新築でもリフォームでも、最初に徹底して動線に沿った収納のプランづくりをすれば「片付けなくても片付く住まい」は実現します。

　私が設計をさせていただいたお宅は、いつ訪問してもきれいに片付いています。新しく家を建てる方のために「お宅を見せて欲しい」という急なお願いにも、皆さん快く応じてくださいます。最初に「散らからないシステム」をつくってしまえば、きれいな状態をキープしたまま住み続けることは、可能なのです。

物を減らさずに
空間を増やす収納のマジック

「物が多いのはいけないこと。減らさなければ……」と、プレッシャーを感じている人は多いようです。

　もちろん、必要以上に物が増えた場合、処分を検討するのは大切なことです。でも、スペースに合わせて物の量を減らすという考え方が正しいとは限りません。空間を工夫して収納量をアップさせることも、考えてみてはどうでしょうか。つまり、「適量を増やす」という考え方です。
「収納が足りない」というお宅でありがちなのが、収納スペースに無駄なすき間があるケースです。限られたスペースで収納量を増やすためには、まず、棚板を増やすこと。棚板の間にすき間があるなら、3段の棚板を6段に増やせば、収まる物の量(空間稼働率)は2倍になります。

　このように、収納を高密度化することで、狭い家を広く使うことができるのです。

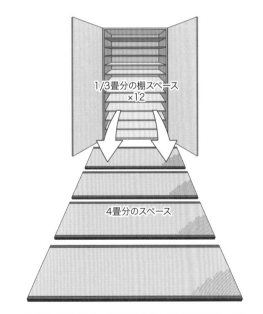

幅180×奥行き30cm（ほぼ3分の1畳）の収納スペースをつくった場合、床から天井までの高さが240cmなら、20cmの高さの棚板を12段つくることができる。すると、畳約4畳分もの収納スペースができることになる。これを家の中に3カ所つくれば、12畳の収納スペースができることに。

動線とセットで考えると、片付けはうまくいく

　収納の第一の原則は「適所にしまう」です。「使う場所の近くに物がある」、つまり「使う場所の近くに、物の住所を定める」。とにかく、これを徹底させることです。無駄な動きがなくなることで、家事や身支度にかかる時間効率がよくなるうえ、片付けなくても片付く"散らからない家"に近づきます。

　たとえば、パジャマや下着が洗面室に収納してあれば、お風呂に入るときにどこへも寄らずに洗面室へ直行できて、動線の無駄がなくなります。「生活行動に合った場所に必要な物を置く」という原則で、物の定位置を考えることが、「片付けなくても片付く住まい」をキープするための意識改革につながります。

「適所収納」チェックリスト

自分で診断した結果（a〜e）を、「診断」の欄に記入しましょう。どこが適所なのかも、考えて記入してみましょう。
a.よく出しっぱなしになっている　**b.**家族によく場所を聞かれる　**c.**場所が遠く感じられる　**d.**出すのが面倒に感じる　**e.**よく行方不明になる

	物	診断	適所			物	診断	適所
1	帽子や手袋				26	家族で使うプリンター		
2	家人のコート				27	替えのクッションカバー		
3	客用のコート				28	箸、カトラリー		
4	ハンカチ、ポケットティッシュ、サングラス				29	取り皿		
5	ジムなどに持っていくスポーツタオル				30	昼寝用ブランケット		
6	マスクやホッカイロ				31	テーブルクロス、ランチョンマット		
7	紙袋（ストック）				32	生ゴミ用のゴミ箱		
8	古新聞、古雑誌				33	びん、缶、ペットボトル置き場		
9	荷造り用テープ、はさみ、紐				34	本		
10	家族共通の文具類のストック				35	食料品のストック		
11	家族の診察券				36	毎日は使わない調理器具		
12	病院の領収書				37	客用おしぼり		
13	爪切り、耳かき、体温計				38	花びん		
14	化粧品				39	パジャマ		
15	文具、筆記具				40	下着		
16	便せん、封筒、はがき、切手				41	タオルのストック		
17	家電関係の説明書				42	洗剤のストック		
18	家関係の書類				43	ティッシュボックス、トイレットペーパー（ストック）		
19	子ども関係の書類				44	掃除機		
20	工具				45	季節外の寝具		
21	裁縫箱				46	季節で使う暖房機や扇風機		
22	薬箱				47	電球（ストック）		
23	アルバム				48	電球（ストック）、電池（ストック）		
24	アイロン、アイロン台				49	スポーツ用具		
25	ビデオ、カメラ				50	子どもの学校用具		

　上のチェックリストで、a、b、eと記入された物は、たいてい「住所不定」であることが問題の原因です。出しっぱなしになったり、行方不明にならないようにするには、住所を決めることが必要。いったん決めたら、「ここで使い、必ずここに戻すこと」を、ルールとして徹底させましょう。

　c、dと記入された物は、使う場所の近くに収納していないことが原因です。動線が短くなるように、収納場所を見直してみましょう。

家族の協力を
得られやすい収納を考える

　片付けはひとりの責任ではありません。家族みんなの協力なしには、美しい住まいは成り立たないものなのです。左のチェックリストで気づいた「迷子になりやすい物」、そして「共用の物」は、みんなの目についてわかりやすい場所を住所にして、それを家族全員に知らせるようにすると、協力が得られやすいでしょう。

　また、「自分だけが使う物」は、自分用のかごに入れて責任管理する、というのも、洗面室などでよくおすすめしている方法です。たとえば下着用のかごも、ひとりにひとつ。ヘアケアや化粧品小物なども、必要な分だけかごを用意して、収納させます。各自、使うときには棚から出して、使い終わったら戻すというルールです。

　こういった工夫で、「誰かがなんとなくその辺に置きっぱなし……」という物を減らすことができます。

「スケール感」を持つことで
収納上手になる

　住まい上手や、インテリア上手になるための第一歩として、1～2m程度の小さなスケール（メジャー）を、常に持ち歩くことをおすすめしています。

　リフォームを考えている人や、家具を買い替えようと思っている人、ちょっとした工夫で収納スペースを増やしたいという人は、いろいろな物を測ってみると役立ちます。

　タオルをたたんだときの幅を知ると、洗面室の棚に必要な奥行きがわかりますし、洋服の肩幅がわかれば、クロゼットの奥行きがわかります。一般的なグラスの高さは9cmほどなので、グラス用の棚一段の高さは、思ったより低くてもいいということがわかります。

　目で見て自分が思う寸法と、実際に測った寸法とを比較すれば、自分の″スケール感″がどれくらい正しいか（正しくないか）がわかります。やがて自分のなかに生まれる″スケール感″が、住まいをより良くする際の強力な武器になるはずです。

2. キッチンを自分の コックピットにする

オープンなキッチンには、大容量
の収納が欠かせない。写真正面
の扉の中にはパントリーと冷蔵
庫、カウンターの引き出しには
食器を収納している。（高橋邸）

手を伸ばすだけで
欲しいものに届くから、
料理が楽しい

「使い勝手のいいキッチンは？」と聞かれたら、「飛行機のコックピットのようなキッチン」と答えます。すべての機能がコンパクトに収まり、手を伸ばす、振り返る、といった動作だけで、あらゆる用が足せるように装備されているキッチンのことです。

たとえば、調理スペースから電子レンジまでの距離、シンクから冷蔵庫までの距離、シンクからゴミ箱までの距離が、0〜2歩以内に収まる。こんなキッチンなら、手際よく料理がつくれて、片付けもスムーズになります。

住む人のライフスタイルにもよりますが、最近では、キッチンの前面をオープンにする「対面式」のキッチンを提案することが多くなりました。キッチンに立つ人が孤立せず、家族とのコミュニケーションをとりやすいという利点があります。この場合、背面に家電を並べるカウンターをつくり、その上下を全て食器や食材の収納スペースにすれば、「コックピット」を実現しやすくなります。

1 コンロの近くに調味料を収納すると、料理中に歩く必要がなく、快適に。(高橋邸) 2 シンクやコンロの下はオープンシェルフにしているので、鍋やボウルがワン・アクションで取り出せる。(荘邸)

1
2

1 コーヒーメーカーの下に、カップ類を収納し、コーヒーを入れる動線をゼロに。コーヒーがこぼれたときに拭くクロス類も一緒に収納。2 シンクの下には扉をつけず、ボウルやざる、鍋などを収納。置き場所に困るフタは、一番上に薄い専用棚をつくってすっきりと。根菜はかごに入れて通気性を良く。(高橋邸)

使う物を使う場所の
近くに収納するのがルール

　キッチンでも大切なのはやはり〝動線〟です。移動する歩数をなるべく少なくするために、道具や調味料は使う場所の近くに収納すること、そして、同時に使う物はできるだけ近くにまとめて収納することが大切です。

　たとえばカップ類の収納は、コーヒーメーカーのそばに。ボウルや鍋は、シンクの下に。フライパンやレードル、調味料類は、コンロの近くに。炊飯器の定位置は、食卓に一番近い場所ということになります。

　ひとつの場所で作業を完結できるように置くことで、無駄な動きが減り、短い時間で支度ができます。

3 キッチンカウンターの天板の一部を、耐熱性のタイルに。いちいち鍋敷を使わなくても、熱いやかんや鍋を置けるようにした。(高橋邸) 4 キッチン背面のカウンター下の引き出しには、たっぷり食器を収納できる。奥の扉の中はパントリーに。(沼尻邸)

炊飯器、パン焼き機は必要なときだけ引き出して使える収納が使いやすい。(片山邸)

すべての機能がコンパクトに
収まっているキッチン

　キッチン側と背面の収納スペースの距離は、実は思った以上に狭いほうが便利。電子レンジを使うのも、洗った食器を片付けるのも、ほとんど歩かずにできるからです。キッチンにひとりで立つことが多い場合、背面収納との効率の良い距離は、他の人がぶつからずに後ろを通れるギリギリの75〜80㎝の間に設定しています。二人でキッチンに立つことが多いお宅の場合でも、85cm前後にします。

　最小の動きで使いたい物に手が届くように、よく使う物は目線の高さに収納をします。一緒に使う物は、同じ場所に収納することも大切。

　これまで私が働きながら家事をし、子育てをしてきた経験からたどりついた、短時間で料理をつくるための、機能性抜群のキッチンをご紹介します。

1

2

1 収納棚の取っ手はバー状になっているので、クロスなどを掛けたり吊るすことができる。2 配ぜんカウンターの壁面はマグネットクロスを取りつけているので、金属容器を貼りつけられる。とうがらしやハーブなどを入れてインテリアにも。3 リビングに隣接する、独立型キッチン。常に外に物を置かないすっきりした状態にしているので、作業が速く進む。4 キッチンの中で特に場所をとる電子レンジは、吊り式収納に。目の高さにあるので、中の様子が見やすく、使いやすい。5 スパイスの瓶を並べられる棚を、コンロの近くに設置。料理しながら片手で取り出せるので使いやすい。6 シンクの上の吊り棚の一番下は、水切り棚にしているので、水切りバスケットを置く必要がない。7 食器洗い機から食器を取り出して収納するときも、くるりと振り返るだけで手が届く。まさにコックピットのよう。(水越邸)

3. ダイニングでの 行動を考えて収納する

圧迫感をなくすために、カウンター収納と吊り戸棚に分けている。コレクションの食器は、吊り戸棚に並べて「見せる収納」。取り皿やランチョンマットなどはカウンターの中に収納している。(沼尻邸)

ダイニングで使う食器や調理器具は近くに収納する

「食器はすべてキッチンの食器棚に収納」と決めている人も多いようですが、ダイニングのそばに収納したほうが使いやすい物もあります。たとえば取り皿や箸、カトラリー類、湯のみ茶碗、ランチョンマットなどです。

座る場所の近くに収納してあれば、家族に配膳を手伝ってもらう際もスムーズ。食事中、「もう一枚、小皿が欲しい」ときにも、わざわざキッチンまで行かずに取り出すことができます。

家電や調理器具にも、ダイニングに収納したほうが使いやすい物があります。たとえばパンを焼くのに使うトースターや、卓上コンロなどは、スペースがあればダイニング側に置いてあると、すぐに出せて便利です。

ダイニングにあるキャビネットの引き出しには、小皿やカトラリー、箸、客用のお茶やコーヒーカップ、お酒を飲むときのおちょこなどを入れている。(水越邸)

1 オーブントースターはダイニングテーブルのそばに置いてあるので、パンを焼いてすぐに出すことができる。使わないときは、扉を閉めて収納可能。(沼尻邸) 2 キッチンの手元を隠すカウンターのダイニング側を収納に。ふだん使う小皿や湯のみ、急須などが収納してある。(小川邸)

ダイニングの収納は
食事以外の行動も考える

ダイニングは、家族がいちばん長い時間を過ごす場所ではないでしょうか。食事以外にも、お茶を飲んだり、来客をもてなしたり、書き物をしたり、パソコンを使ったり、子どもが宿題や勉強をすることもあるでしょう。

ダイニングでする行動を考えてみましょう。そのために必要な物は、ダイニングに収納できていますか？　食器やカトラリーだけでなく、文房具や辞書、書類、薬なども、分類して入れておくと便利。そのために、ダイニングにはいつもたっぷりのカウンター収納を設けています。

カウンター収納は、視線より下の位置に設置すれば視界を遮らないので、部屋を狭く感じさせずに収納をつくることができます。

ダイニングでパソコン作業をする方は多い。カウンターにパソコンをしまうスペースもつくっておくと、使わないときはすっきりしまえる。(福地邸)

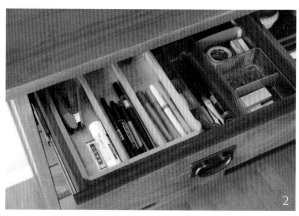

1 ダイニングテーブルの上に何も物がないと、気持ちよく過ごすことができる。そのために、ダイニングにたっぷりの収納を設けている。(北原邸) 2 ダイニングにあるチェストに、いつも使う文房具を収納。仕切り付きのトレーなどを利用して、小分けにしておくと取り出しやすい。(水越邸) 3 子どもがダイニングで宿題や勉強をする時期は、ランドセルや教科書を置く場所もつくっておくと便利。(高橋邸)

4. 家族がくつろぐ リビングは 物を見せない

低めのカウンター収納をつくると、リビングにあふれがちな日用品を収納できて、カウンターの上には物を飾ることができる。(福地邸)

1

収納スペースは少なく、
目立たないところに

　リビングは、家族やお客様がくつろぐための場所。座っているときに、ゴチャゴチャした物が目に入ると、居心地が悪いものです。

　リビングの収納には、座ったときにも目線に入らない、低めのカウンター収納がおすすめです。圧迫感がないし、カウンターの上に物を飾ることもできます。それ以外はアンティーク家具など、「見せるためのインテリア家具」だけにします。

　目に入るものは、お気に入りのインテリアとグリーン、そして窓の外の景色だけ。そんなリビングがあれば、家で過ごす時間がもっと好きになるはずです。

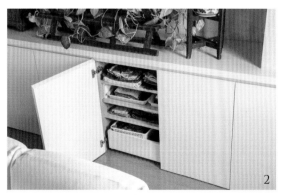

2

1 リビングには極力家具を置かず、低いカウンターを設置。見せたくない物をすべて隠しているから、インテリアがひき立つ。2 カウンターの中には、クッションカバーやソファカバーなどのファブリック類のほか、スタンバイ中のインテリア雑貨などを収納している。(水越邸)

どうしても
必要な物の居場所は
さりげなくつくる

　リビングでは、テレビを観るより
スマホやタブレットを使うことのほ
うが多いという人も増えています。
しかし、スマホやタブレットの置き
場をきちんと決めている家は多く
ありません。テーブルの上などに出
しっぱなしにならないために、指定
席をつくるべきです。指定席は、す
ぐ手に取れるけれど目立たない場所
につくるのが理想的。その際には、
コンセントを使いやすい位置に配
する必要があります。

1

2

3

1 リビングの壁面に、スマホとタブレットを充電し
ながら置いておける指定席を設けた。下の部分は、
郵便物などの一時置きに。(西村邸) 2,3 リビングの
カウンターの一部をプリンター置き場に。キャス
ター式で、使いたいときに片手で引き出すことがで
きる。(岡崎邸)

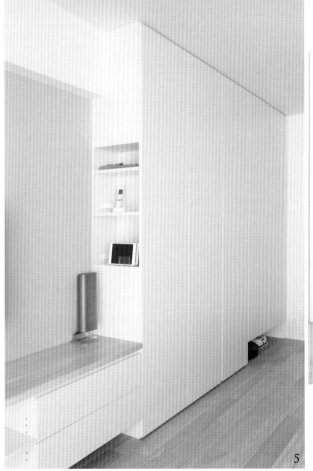

4 リビングのテレビ台横に、天井から床までの大きな壁面収納を設けた。掃除機を充電するスペースもある。5 壁面収納の、正面から見えない場所にニッチをつくり、タブレットやスマホを充電しながら置いておける場所に。6 壁面収納の中には、パソコンやプリンターを収納しておけるスペースを設けた。棚を引き出せば、パソコン作業台として活用できる。(城處邸)

5. クロゼットは生活スタイルで配置を決める

和服をよく着る方のためのクロゼット。寝室ではなく明るいリビングの一角に設置し、左手の壁側には合わせ鏡も配置。帯は引き出し式の棚に入れるほか、よく使う帯はバーに掛けている。(中岡邸)

夫と妻それぞれの
生活リズムを
乱さないつくりに

　クロゼットには、大きく分けて
ウォークインタイプと壁面タイプの
2種類があります。ウォークインク
ロゼットの利点は、洋服をひと目で
見渡せること。いっぽう壁面クロ
ゼットは、踏み込むスペースがいら
ないので、小さいスペースにも設置
することができます。

　夫婦の衣類の収納場所について
は、それぞれの生活リズムなども考
慮して決めます。どちらかが早く起
きて身支度する場合でも、相手を起
こさずに着替えられるように、クロ
ゼットを配置します。同じ時間に着
替えをすることが多いなら、同じ場
所に収納しないほうがスムーズに
動けるでしょう。

　クロゼットは必ず寝室にあるべき
とは限りません。洗面室の近くに着
替え室とクロゼットがあるというプ
ランも、使い勝手が良いものです。

1

1 着替え室にクロゼットがあ
り、洗面室、浴室へとつながっ
ている。(小林邸) 2 夫婦の寝室
に設置した2カ所のクロゼッ
ト。左のウォークインクロゼッ
トは妻、右が夫用。早く起きる
妻は、左側のベッドなので、夫
の眠りを妨げずに着替えをする
ことができる。(小川邸)

ファミリークロゼットなら
家族全員の衣類を一括管理できる

　子どものいる家庭では、それぞれにクロゼットを設けるのではな
く、家族全員の衣類をまとめて収納しておけるファミリークロゼット
を導入したいという方も増えてきています。たたんだ衣類をあちこ
ちに持っていく必要がなくなり、すべての衣類を一カ所で管理でき
るので、家事の時短につながります。ファミリークロゼットを設けるな
ら、洗面室の近くが便利です。洗濯機や乾燥機も近くにあれば、洗濯
動線をゼロに近づけることができます。しかし子どもが成長したら、
それぞれの個室にクロゼットを設ける必要も出てきます。

家族5人分の衣類がすべて
収まっているファミリー
クロゼット。洗濯物を干す
ユーティリティールームに
つながっている。(森尻邸)

① ② ③

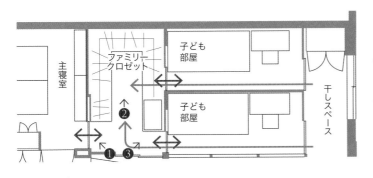

❶ファミリークロゼットが、夫婦の寝室につながっている。洗濯機のある洗面室にも近い場所なので、洗濯動線が短い。❷❸同じファミリークロゼットは二人の子どもの個室にもそれぞれつながっている。洗濯物干しスペースからは、子どもの個室を通ってクロゼットに行くことができる。（木村邸）

6. 洗面室収納は心地よい住まいの出発点

洗面室での行動を
考えてみると、
必要な収納がわかる

　洗面室をコンパクトにしている家も多いようですが、ここは、思った以上にさまざまな生活行動をする場所です。家族の共用スペースでありながら、ひとりずつ使うための、極めてプライベートなスペースだということがわかります。

　入浴時の着替え、洗濯、洗面、手洗い、歯磨き、化粧、ドライヤーや髪のセット、ひげそり、コンタクトレンズの装着……。ときには切り花を生けたり、洗濯の下洗いをすることもあるでしょう。

　「ここで必要な物は、すべてここに収納する」と考えてみると、どんな収納スペースが必要なのかがおのずと見えてきます。洗面道具や洗剤類だけでなく、下着やパジャマもここに収納しておくと、入浴のときの動線がスムーズになります。

カウンターの上に何も物がない状態にするために、たっぷりの収納スペースが必要。鏡を大きくすることで、空間も広く見える。（中岡邸）

1 パジャマや下着も洗面室に収納しておくと、入浴の際に動線が短くできる。（高橋邸）2 家族ひとりひとりの「マイかご」を用意して、使うときはかごごと出し入れしてもらえば、洗面室が散らからない。（高橋邸）3 タオルを掛けられるバーは、目立たない場所に設置。（荘邸）

天井までの壁面収納棚に、必要
な物をすべて収納。奥行が浅い
のでひと目で見渡せて、物が迷
子になることがない。タオルが
掛けられるバーを、各所にさり
げなく配置している。(坂本邸)

天井までの壁面収納で
家族全員の物を収納

　「リフォームで洗面室を改善したら、生活が快適になった」と喜ばれることは多いものです。いろいろな物が置ける広めのカウンターも欲しいですし、必要な物をすべて収納するために、天井までたっぷりの壁面収納があると便利です。

　きりのいい1尺（303mm）分の壁をへこませると、ちょうどいい収納スペースになります。ちょうどいい、というのは、よくあるA4のプラスチックの収納かごの寸法とうまく合うから。棚の中の空間が分割しやすく、見た目もきれいに整います。

　洗面カウンターの下はフリースペースにすれば、脱衣カゴや洗濯カゴなども入れられるし、椅子に腰掛けてお化粧をしたり、ゆっくり歯を磨くこともできます。

　もし、洗面室にあまりスペースがとれない場合は、洗濯機をほかの場所に移動することも検討してみるといいでしょう。

2

1

1 洗面室にあまりスペースをとれない場合は、手前の廊下などにたっぷりのリネン収納庫を設ける。洗濯に必要な洗剤類は、洗面室内の吊戸棚に収納。（福地邸）　2 洗面室の入口、背面に天井までの壁面収納を配置。必要な物がたっぷり収納できる。（山田邸）

7. 玄関の余裕ある収納が家を救う

土足のまま出入りできるシューズクローク。脱ぎっぱなしの靴も、引き戸を閉めてしまえば見えない。(三井邸)

シューズクロークがあれば外で使うものすべてが収納できる

　玄関に、「シューズクローク」と呼ばれる大きな収納スペースをつくりたいという要望が増えてきました。土足のまま出入りができて、靴以外にも外で使う物をいろいろと収納できます。たとえばベビーカーやショッピングカート、ゴルフ用品、アウトドアグッズ、宅配食品のケース、外回りの掃除用具など、家の中で使わない物をここに置いておけると、家の中が片付きますし、土がついたものを家に持ち込まないですむので、衛生的です。

　シューズクロークのタイプは、大きく分けて2種類。玄関から玄関ホールに抜けられる「ウォークスルータイプ」と、入り口が1カ所の「ウォークインタイプ」があります。

1

2

1 「ウォークインタイプ」のシューズクローク。入り口が1カ所なので、ウォークスルータイプより収納量を増やせる。格子戸を閉めれば壁のように見える。（上山邸）2 玄関から玄関ホールに抜けられる「ウォークスルータイプ」のシューズクローク。（三井邸）

天井までたっぷりの収納があれば
広々と使える玄関に

　玄関は、お客様の第一印象を決める大切な場所ですから、気持ちのいい空間であってほしいと思います。靴や物が出ていない、いつもすっきりした状態にするためには、家族全員分の靴を収められる、たっぷりの収納が必要です。とくに子どもがまだ小さい家は、今後靴が増えることを想定して、余裕のある収納スペースを用意したいものです。そのために玄関には、いつも天井までの壁面収納を設置しています。垂れ壁を設けず、壁と一体となった扉をつくることによって、空間をすっきり見せることもできます。

1 下足入れの反対側にある壁面収納庫。電動カートや、外で使う色々な物を収納しておける。引き戸を閉めれば壁と一体化して目立たない。(城處邸) 2 家族4人分の靴を収納した壁面収納。棚板の高さを調節して、収納量を増やすことができる。(高橋邸)

ハンカチ、ティッシュ、手袋など外出に必要な小物は玄関に収納すれば、忘れ物も防げる。荷造りのためのガムテープやはさみなども、ひとつのかごにまとめて玄関に。(高橋邸)

靴以外の玄関収納の例 (高橋邸)

❶季節の飾り物　❷ときどきしか使わないリュック　❸冠婚葬祭用や、季節外れの靴　❹レジャーマット　❺帽子　❻マフラー、ストール　❼スポーツ用シューズ　❽ガムテープ、ひも、ハサミ、懐中電灯　❾レインコート、折りたたみ傘、外遊び道具　❿ハンカチ、ティッシュ、手袋　⓫外遊びのボール　⓬近所に出かけるときのコート

8. 廊下、階段は 浅い収納が使いやすい

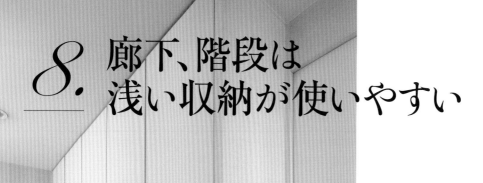

収納があれば廊下は 無駄なスペースではない

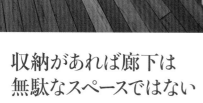

　限られた面積で収納量を増やしたいなら、床から天井までの高さをいっぱいに使って物を収納することです。垂れ壁を設けないことで、空間をすっきり見せることができ、扉の色を壁の色と同じにすれば、さらに空間が一体化して広く感じられます。

　また、棚板で細かく仕切ることで、驚くほど収納量が増えるうえ、全体を見渡せるので、探し物がすぐに見つかります。こういった収納スペースを、私は「タワー収納」と呼んでいます。奥行きを浅くすると、物が奥に入って迷子になることもありません。

1 玄関を入ってすぐの廊下にある収納スペース。中はコートや靴、小物など、収納する物に合わせて奥行きを変えている。(水越邸) 2 階段脇の廊下に設けた収納スペース。バタバタといくつもの扉を開け閉めしなくても、一度で見渡せる大きな棚は便利。(永島邸) 3 階段上の通路の両脇に本棚を設置。一日に何度も通る場所なので、子どもたちが自然と本に興味を持つようになる効果も。(山田邸) 4 廊下に設けた、天井までの収納スペース。奥行33cmと浅いので、物が迷子にならないし、A4サイズの白いかごにぴったり。(片山邸)

第4章
自分らしい
インテリアを楽しむ

洋服や靴など身につけるものと同じで、
自分の好きなインテリアに包まれていると、
いつも気分良くいられるものです。
自分がホッとできる、居心地のいい空間をつくるために、
まずは「自分の好きを分析する」ことから始めてみてください。

1. イメージしたスタイルを 表現する

インテリアショップめぐりが大
好きな高橋さんが厳選した家具
や照明。シンプルで美しいたた
ずまいに。(高橋邸)

自分の「好きなスタイル」を
見つけることが第一歩

インテリアにはさまざまなスタイルがあります。たとえば直線的でモノトーンが主体の「モダン」スタイル、明るく自然な印象の「ナチュラル」スタイル。そのほか「和風」「北欧風」「カントリー調」「アジアン」など。インテリア上手になるには、「自分はどんなスタイル（雰囲気やテイスト）が好きか」を見極めることが大切です。

好きなスタイルはひとつに限らないので、ミックスさせてもいいと思います。そのためには「いいな」と思う写真をたくさん集めて、眺めることが役立ちます。雑誌でもチラシでも、旅行パンフレットに載っていたホテルの室内写真でも、直感的にいいと思う写真やイラストを切り抜いて、ノートやファイルに貼ってみてください。そうすることで、自分の好みのテイストがはっきり見えてきます。

家づくりのために高橋さんにつくっていただいた「私のインテリアノート」。大好きだという「フレンチナチュラル」のインテリア写真を見ながら、話し合いを進めた。

ご家族が以前住んでいたロンドン郊外の家の写真を参考にしながらつくった。「子どもたちが小さかったころの楽しい思い出が蘇り、家族の会話が増えました」といううれしい言葉をいただいている。（山田邸）

2. インテリアを 読み込む力をつける

洋書でも和書でも、写真のきれいなインテリア本は、見る目を養うために確実に役に立つ。本はできるだけ毎日ページを開き、気になる写真に付箋を貼って、何度も何度もそのページを見る。(水越邸)

美しいものを見続けることで、センスは磨かれる

　私は、学生のころから建築家のフランク・ロイド・ライトの作品が好きで、彼が設計した家の写真のポストカードを、机の前やキッチンなどに貼っていました（写真右）。そのときどきで自分が「いちばんいい」と感じるものは、机の前など頻繁に目がいく場所に貼って、一日に何度も見るようにすると、次第に「インテリアの目」が養われていきます。

　自分の好みがわかってきたら、好きなタイプの写真がたくさん掲載されている、ハードカバーのしっかりしたインテリアの本を手に入れましょう。洗練された空間の写真は、見る目を養うために確実に役に立ちます。本はできるだけ毎日ページを開き、気になる写真に付箋を貼って、何度も何度もそのページを眺めましょう。

　こういったことを続けているうちに、単なる「好き」から一歩前進して、「自分は、なぜそれが好きなのか」が、徐々にわかってくるはずです。実はこれが、「インテリアを読み込む力がついてくる」ということです。

3. 見せたくない物を「隠す」ことが インテリアの第一歩

1

2

3

大きなスライド扉ですっきりと見せる

　インテリアを成功させるためには、いかに飾るかということよりも、まずは見せたくない物を、いかに上手に隠すかということが大切です。見せたくない物が見えている状態では、どんなに素敵なインテリアも映えません。まさに、「見せる」と「隠す」は表裏一体なのです。

　たとえばオープンキッチンの場合、電子レンジなどの電化製品や、ふだん使いの食器棚の中身、鍋やフライパンなど、さまざまな物が目に入ると、ダイニングにいても落ち着きません。来客のたびに、こういった場所をきれいに掃除したり、片付けをするのは面倒なことです。もし、スライドするだけで隠せる扉があれば、いつでも安心していられます。

1 冷蔵庫、食器棚、電子レンジなど、あまり見せたくない物が並ぶキッチンの背面スペースは、扉を閉めれば完全に隠すことができる。(片山邸) 2 ダイニング側から冷蔵庫が見えないよう、壁を設置。冷蔵庫とほぼ同じ奥行きだからじゃまにならない。(荘邸) 3 上のルーバーの中にはエアコン、下のルーバーの中には蓄熱暖房機が収まっている。すっきりと溶け込んで目立たないので、インテリアが映える。(高橋邸)

4. キッチンはリビングの インテリア

LDの一部として 素材や色を選ぶことで 調和のとれた空間に

オープンキッチンをつくるときに心がけたいのは、「キッチンっぽくし過ぎない」ことです。そのために、家具のようにリビングやダイニングのインテリアと調和させて、生活感を出し過ぎないようにします。しかしオープンキッチンでは、どうしてもレンジフードが目立ってしまいがちです。それを避けたい場合は二列型のキッチンにして、コンロを壁側に設置すると解決します。美しいキッチンがいつでも目に入るような暮らしは、幸せです。そのためには、機能性だけでなく、壁や収納部分の素材や色、デザインにもこだわりたいものです。

1,2 グレーを基調にしたオープンキッチン。レンガの壁とチャコールグレーのカウンターがバランスよく配され、木の素材が温かみを加えている。キッチンにつながったテーブルは、移動させることもできる。（城處邸）

美しいキッチンは
物の量やサイズとの
バランスによって実現する

　使い終わったときには物が何も外に出ていない状態を保てるキッチンが、理想です。そのためには、持ち物の量に合った収納をつくる必要があります。といっても、収納は多ければ多いほどいいというわけではありません。あまりにも物が多すぎると管理できなくなるので、住み替えの前には見直して、適量にする必要があります。そのうえで、必要な収納を設けます。

　家電については、持っているものがぴったり収まるように収納をつくります。デザイン性のある家電は見えるように、見せたくない家電は隠れるように、指定席をつくります。物の量と収納のバランスがとれているキッチンは、散らかってもまたすぐにリセットすることができます。

リビングと調和させるため、甘くなり過ぎないようにグレーで統一したキッチン。横の水平ラインを意識して収納を設けた。(玉川邸)

白で統一したキッチン。ダイニング側には飾り棚を設け、インテリアのアクセントに。(島田邸)

1 見せたくないものはすべて隠れていて、見せたい
ものだけが見えているから美しい。(伊藤邸) 2 家電
のサイズに合わせてつくられた収納。使いたいとき
には棚板を手前にスライドできる。(平山邸)

5. 絵の飾り方で 空間は生まれ変わる

タイのジム・トンプソンハウス
で出会った4枚のカードを額に
入れて。織物をするときに使う
緋（シャトル）を間に飾ってい
る。（水越邸）

フォーカル・ポイントを意識しながら
効果的に飾る

　絵や写真を飾る場所は、フォーカル・ポイントを意識します。せっかく飾って
も、目につきにくい場所にあるのはもったいないこと。絵の位置が高すぎるの
も、よく見かけるミスです。絵の中心に目線がくる高さにすると、間違いがあり
ません。飾った絵を手前の花や置物が遮ってしまうのも、どちらの魅力も半減
される、もったいない飾り方です。

　大きな絵は、広い場所に向いています。人との距離が近い壁には、小さい絵を
いくつか組み合わせて飾るのがおすすめです。複数の絵を飾るときは、角を合
わせて長方形に収まるようにするのがコツです。もうひとつ意識したいのは、
「統一感」。同じサイズや同じシリーズの作品を並べる、あるいは、フレームや
マットの素材と色味をそろえるだけでも、統一感が出ます。

1 ひきのある広い場所には、大きめの絵を
飾ると映える。(沼尻邸) 2 階段を昇るたび
に、好きな書が目に入ると気分がいい。距
離が近いので小さめの絵がおすすめ。(井藤
邸) 3 飾れる壁のスペースは横長になる場
合が多いので、複数の絵を連続して飾る方
法も効果的。(新地邸)

6. 一生付き合える家具を選ぶ

30年前に買った、アルフレックスのマレンコ。17年前、真ん中の椅子を買い足したが、古いソファと比べても座り心地にほとんど差がないことで、耐久性や質の良さがわかる。（水越邸）

妥協せずに、自分にとって
"極上"の家具を探す

　自分らしいインテリアを考えるとき、家具選びは最も大切な要素です。「とりあえず」という意識で家具を選ぶのではなく、素材からデザインにいたるまでじっくりと検討し、自分にとって納得のいく"極上"の家具を探しましょう。たとえ仮住まいであっても、そこは毎日暮らす場所。決しておろそかにしてはいけないと思います。

　メーカーのカタログを見たり、雑誌やネットで探してみましょう。自分の趣味に合うお店を見つけたら、とことん通って、お店の人に相談してみるのもいいでしょう。すぐに買わなくても、自分の趣味に合って、信頼できて、長く付き合えそうなお店を探すのはいい勉強です。

　家具は、家族が増えたり、引っ越して間取りが変わったりすると買い足したくなることがあります。メーカーの定番品なら、同じ物を買い足すことが可能です。

飛騨高山の家具メーカー、柏木工のソファ。2種類の木を使った温かみがあるデザインで、座りやすく、後姿も美しい。（永島邸）

テレビ台は、低くて水平ラインの長いものだと、空間をスッキリ見せることができる。さらに、脚があって床から浮いている家具は、軽快さがあってスタイリッシュ。（中岡邸）

ソファは、ときどきカバーを替えるのも楽しみのひとつ。クッションカバーとセットで組み合わせを考える。(小林邸)

個性的な家具を
インテリアのアクセントに

　個性のある家具をフォーカル・ポイントに置くと、見る人の目を引きつけることができます。好きな家具を実用的にも使い、インテリアにも楽しむことができれば、言うことなしです。おすすめなのは、収納力があってかつ自分のスタイルにも合っている、「ちょっと個性的な家具」を選ぶこと。さらに、家具の雰囲気に合った絵や写真をその近くに飾ると、ぐっと引き立つアイ・スポット（視線を集める場所）になります。

　どうしても希望に合う家具が見つからない場合は、オーダー家具を注文するという方法もあります。気に入った物に囲まれて暮らすことこそ、インテリアの極意です。

1 インテリア性のある家具を、実用に使っている例。存在感のある仙台だんすをダイニングに置いて、カトラリーや小皿などの収納に使用。2 特注で、引き出しの中に棚を増やし、収納力をアップさせている。（新地邸）

3 イギリス製のアンティーク家具を、玄関のフォーカル・ポイントに。壁に吊るしているのは、「ファイアースクリーン」という、暖炉の熱を調整したり目隠しに使う道具。（山田邸）4 玄関正面のフォーカル・ポイントに置いているのは、30年間愛用しているヨーロッパの民芸家具。（福地邸）

7. 色と素材でインテリアに アクセントをつける

凹凸のある素材で 光の表情を楽しむ

　インテリアは、家具やファブリックでつくっていくものと考えがち。でも、壁や床の素材や色も、インテリアの大切な要素です。タイルなどの、表情のある自然素材も取り入れることをおすすめします。

　平坦でなく凹凸のある素材は、光が当たると陰影がはっきりして美しく、インテリアに変化がつけられます。朝の光、昼間の光、夜の照明と、光が移り変わるごとに豊かな表情を見せて、住む人の目を楽しませてくれます。

　このようなアクセントになる素材や色は、フォーカル・ポイントに使うとさらに効果があります。

1

1 ダイニングの壁面のタイル。自然光や照明の光で、陰影を楽しむインテリアになっている。(荘邸) 2 キッチンの床には、温かみのあるテラコッタを使用。タイルは美しいだけでなく水や汚れに強く、機能性にも優れている。(井藤邸) 3 白いタイルのバリエーションで、遊びのある空間に。(沼尻邸) 4 趣味の書道で使った、筆を洗うのにも使う洗面室。汚れが目立たないように、洗面ボウルは黒に。カウンターのまわりには、モザイクタイルを貼っている。(井藤邸) 5 ダイニングに観葉植物を置くように、フローリングの一部をタイルにしている。水がこぼれても安心。(高橋邸) 6 割り肌のタイルは厚みがランダムなので、時間とともに刻々と変わる光の表情が楽しめる。リビングに使用。(小林邸)

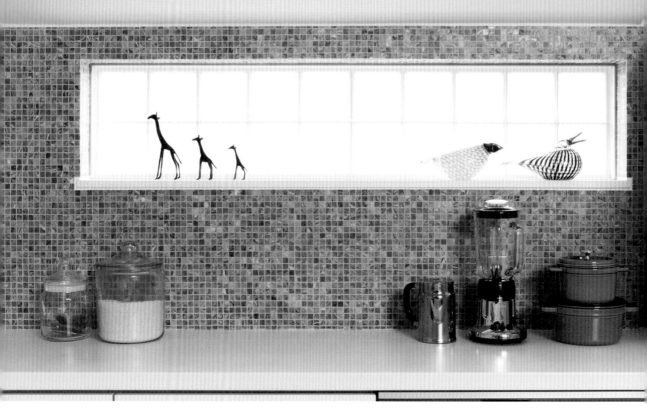

リビング側から見えるキッチンの壁は、モザイクタイルで変化をつけた。いつも気分よくキッチンに立つことができる。(玉木邸)

部屋ごとに
キーになる色を決めて
コーディネートする

　色によって、部屋の印象は全く違ってきます。寒色系の色は清潔感があるので、キッチンや水まわりに向いています。暖色系は温かみのあるやさしい雰囲気になり、北側の部屋や寝室などにおすすめ。部屋ごとにキーになる色を決めたら、壁、ソファカバー、カーテンなど、それに調和する配色やアクセントの色を考えていきます。

　すべての壁ではなく、一面だけに色をつける「アクセントクロス」という手法もあります。部屋に正面性を持たせることで、よりインテリア性が高まります。

　ひとつの部屋に、いくつかの色を限定して繰り返すのも、基本的なインテリアのテクニック。「リピート(繰り返し)」という手法です。

キッズルームの壁の一面だけを、パステル調のブルーグレーに。将来、2部屋に区切っても、この面は両方の部屋の壁になる。(北原邸)

1 床から一段高くしている寝室の壁の一部と、立ちあがりの色を青で統一。コンセントカバーも同じ色にして、なじませている。(井藤邸) 2「女の子らしく、夢のある子ども部屋に」というリクエストを受けて、ピンクの濃淡でコーディネート。(片山邸) 3 シンプルなソファにはクッションカバーの柄で遊びを出す。(荘邸) 4 一面を黒にした、落ち着いたベッドルーム。シェードやベッドカバーの色も、モノトーンで品よくまとめた。(片山邸)

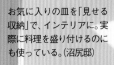

お気に入りの皿を「見せる
収納」で、インテリアに。実
際に料理を盛り付けるのに
も使っている。(沼尻邸)

8. 「用の美」を
インテリアに取り入れる

本来の用途を
自分なりにアレンジして
インテリアのアクセントに

　飾るために作られた雑貨よりも、生活のな
かで何か役割を果たすものを、インテリアと
して使うのが好きです。職人の誠実な手仕事
により生まれた日用品には、独特の美しさが
あるからです。この「用の美」を、積極的にイ
ンテリアに取り入れることをおすすめします。
　ときには物本来の用途から離れて、違った
使い方をするのもインテリアの極意です。た
とえば美しいかごを、スリッパや掃除用具な
ど実用的な物の収納に利用したり、古い糸巻
きに植物のつたをからませたり。このような
使い方を私は「転用」と呼んでいます。ぜひ自
由な発想で、インテリアを楽しんでみてくだ
さい。

1 アジアンテイストの家具と工芸品を、リビングのアイスポットに。2階から垂らしたポトスも目を楽しませる。(小川邸) 2 緑をからませてインテリアにしているのは、古い糸巻き。古民家を壊すことになったときに友人から譲ってもらった。(水越邸)

3 アジアンテイストのかごに、ウッドデッキに出るときに履くサンダルや、小さい掃除グッズなどを収納。(小川邸) 4 父が子ども時代から使っていた本箱を、リビングに置いてCDの収納に使用。金具だけ取り替えて使っている。(水越邸)

9. 緑の存在が家を完成させる

玄関まで続く長いアプローチ。両側に植えられた緑が、目を楽しませてくれる。（荘邸）

アプローチの緑は
訪れる人への
最高のおもてなし

　緑の使い方で家のたたずまいは大きく変わるので、外構や植栽計画は、いつも住居の設計と同時に進めます。とくにアプローチには、訪れる人を温かく出迎えてくれる緑の存在が欠かせません。目を癒してくれるだけでなく、木陰をつくってくれたり、季節の移り変わりを知らせてくれたり、ときにはいい香りで楽しませてくれます。「落ち葉の掃除が面倒」と思う人もいるかもしれませんが、アプローチはいつも通る場所なので、思ったより手入れもしやすいものです。一本でもいいので、地植えの木を検討してみてください。家は、木があって初めて完成するものだと思います。

1 玄関ドアに続くアプローチを歩くと、家のシンボルツリーである沙羅の木が出迎えてくれる。（上山邸）　2 手前に植えられているのは、ローズマリー。ハーブの香りに癒される。（上谷邸）　3 ソヨゴの樹が植えられた三角形のスペースは、玄関扉までの道を蛇行させる効果もある。（金子邸）

1 玄関から直接入れる中庭には、白樫や千両の樹が植えられており、和室に向かって石畳が続いている。縁側に座って近所の人とおしゃべりすることも。 2 座った目線にちょうどよい高さの窓をつけた和室。外からの人目を気にする必要もなく、庭を眺められる。（中田邸）

中庭があれば
家のどこからでも緑を眺められる

　従来の日本の住宅では、リビングのある南側に庭をつくるのが一般的です。しかし私は、小さくてもいいので、中庭をつくることを積極的におすすめしています。中庭とは、建物や高い壁で囲われた、ロの字やコの字型の庭のこと。中庭に面して窓をつくれば、外を通る人の目を気にせずカーテンを開け放して過ごすことができ、プライバシーを保ちやすくなります。中庭に面したすべての窓から緑が眺められますし、家の中に光や風が入りやすくもなります。部屋とひと続きの空間のようになるので、広く感じられる効果もあります。

3

3 玄関脇の格子戸を開けると中庭があり、蛇行せさせた石畳がダイニングへと続いている。
4 全ての部屋が中庭に面しているので、光や風が入りやすく、気持ちのいい空間に。(新井邸)

窓から見える景色は
どんなインテリアより
心を癒してくれる

　住む人の気持ちを癒すために、窓から目に入る緑は欠かせないものだと思います。とくにキッチンやダイニングルームなど、家族が長い時間を過ごす場所からは、美しい緑の風景が目に入るように設計しています。外からの視線を遮りたいときには、すりガラスやカーテンではなく植栽を使う方が、室内は何倍も豊かな空間になります。こういった、プライバシーを守るための緑には、それぞれの場所に合わせた高さの常緑樹を使います。

「あまり植物の世話をする時間がない」と心配される方には、雑木や野の花をおすすめしています。剪定しなくてもそのままでさまになるし、手間がかかりません。何より、自然な美しさがあります。

1 キッチンからも、ダイニングからも庭の緑がよく目に入る。同じ高さのウッドデッキがあるので、ひと続きの空間のように感じられる。(吉野邸) 2 キッチンに立つ時間が長い妻の目に入るのは、この風景。ときどき訪れる野鳥も、目を和ませてくれる。(小川邸) 3 浴室の窓からも緑を眺めたいという要望に応えて、FIXの窓を設置。換気用の開閉できる窓は上部に設けている。(小林邸)。4 廊下の突き当りは、収納スペースにしがちだが、ピクチャーウインドウがあると豊かな空間になる。庭ではなく公園の木を活用した「借景」という手法。(上山邸)

3

4

10. 照明で空間を演出する

間接照明で奥行きのある暮らしを楽しむ

　照明は、一室一灯ではなく多灯にすることで、暮らしがより豊かになります。調光ができるスイッチをつけることで、さまざまなシーンを演出することもできます。夕食後の、くつろいだ時間を過ごすときなどにおすすめなのが、間接照明です。間接照明とは、光源を見せずに光を天井や壁に当て、反射光によって間接的な光をつくる手法のこと。光のたまりやグラデーションをつくり、空間をすっきりと演出できます。

　間接照明をきれいに見せるためには 照らされる天井や壁面を整理して、すっきりとさせることです。マンションでは梁や設備のダクトがあるために、天井に段差ができてしまうところがありますが、その段差をうまく利用して、間接照明を計画することもできます。

1 部屋全体は穏やかな明るさでも、ダイニングテーブルの上は、食事がおいしく見えるようにしたいので、天井から吊るしたペンダントライトを使うことが多い。(小林邸) 2 寝室の天井と壁の間に空いた空間を、部屋の端から端まで通して、隙間をつくる。この隙間に長いライン照明を入れ、夜のシーンに適した柔らかい光にしている。(荘邸)

階段に沿って設置したフットライト
は、安全のためだけでなく、インテ
リアとしても効果的。リビングの照
明にもなっている。(荘邸)

視線の行く場所を
ドラマチックに演出できる

　自然光が入る時間と、暗くなって照明を使う時間とでは、家の中も外も、雰囲気ががらりと変わるもの。その両方を美しく見せるのも、大事な演出のひとつです。視線が行くフォーカル・ポイントに照明をあてると、インテリアもエクステリアも際立ちます。

　間接照明やダウンライトなど、さまざまな種類の照明を取り入れ、生活のシーンによって使い分けることで、空間に豊かな表情が生まれます。

　照明の角度も重要です。庭に大きなシンボルツリーがあるような家では、それを下から強く照らすとドラマチックな空間になりますし、門から玄関までのアプローチは、上からの照明ではなく、下から柔らかく照らしながら誘導するのも効果的です。

階段の入り口に飾った絵に光が当たるように、反対側の壁にライトを設置。昼間は、天窓からの光で明るい場所になっている。(新地邸)

1 門から玄関までの長いアプローチを、緑を照らす低い照明で誘導する。(荘邸) 2 パウダールームも、壁面のタイルを照らす間接照明で、くつろげる空間になっている。(小林邸) 3 玄関のフォーカルポイントになっているインテリアパネル。光を当てることで凹凸の陰影を楽しめる。(小川邸)

11. パーツも インテリアの一部

細部にもこだわって好きなスタイルを表現する

　自分の好きなテイストの空間をつくるためには、取っ手やスイッチ、フックといった細かい部分のアクセサリーにもこだわりたいものです。レトロな感じにしたいのか、モダンな感じにしたいのかなどによって、部屋の雰囲気にマッチしたものを選びましょう。最近では、インターネット通販でもさまざまなデザインの物を選ぶことができるので、お客様が自分で見つけてリクエストしてくださることも多くなりました。大々的なリフォームができなくても、こういったアクセサリーを替えるだけで部屋の雰囲気を替えることができるので、ぜひ探してみてほしいと思います。

1 電灯のスイッチも、インテリアの雰囲気に合わせて。(荘邸) 2 小さな引き手を二つ重ねたふすまは、モダンな和室に似合う。(荘邸) 3 パウダールームの洗面ボウルの蛇口。クラシックなパーツで統一している。(高橋邸) 4 同じトイレのドアのハンドル。(高橋邸) 5 ふすまの引き手は、奥様が選んだもの。櫂を模っていて美しい。(玉木邸)

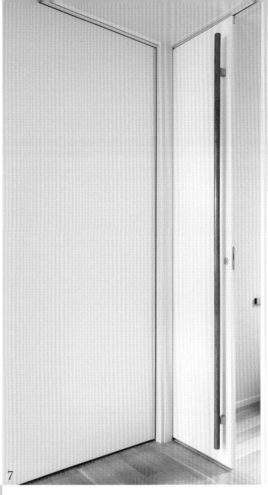

7

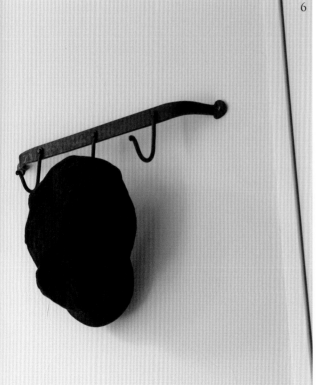

6

6 玄関スペースの壁に設置した、アイアンの帽子掛け。帽子が掛かっていなくても絵になるデザイン。(高橋邸) 7 玄関ホールにあるパウダールームのドア。引き手の代わりに長い木の丸棒を使って、ドアを壁のようにすっきり見せている。(坂本邸)

12. 窓を思い通りにデザインする

家の中心にあるリビングに吹き抜けを設け、天井までいっぱいに大きな窓を設置。終日家じゅうに光が降り注ぐ。窓に使用している縦型のバーチカル・ブラインドは、光の向きによって角度を変えられる。（荘邸）

1

カーテンで
窓をデザインする

　窓にどんな物を組み合わせるかは、とても重要です。外からの目線を隠しつつ光を採り入れたいときは、ブラインドや、上部からも開けられるシェードにします。ブラインドは、必要に応じて羽の角度を調整できるので便利です。カーテンを使うと、部屋に柔らかさや表情を出すことができます。カーテンは、〝引き分け〟スタイルにするのが一般的ですが、じゃまになる場合も多いものです。巻き上げ式のシェードにして、上下で開閉できるようにすると、スペースが空き、うっとうしさを軽減できます。美しいカーテンのタッセルは、やや上めにつけると、目線に入りやすくなり、インテリア性が出てきます。

2

1 座った目線で中庭のシンボルツリーを眺められる、和室の窓。上下どちらでも開けられるシェードで、プライバシーは守りながら光を入れ、外の景色も楽しむ。ハニカム素材は断熱効果もある。(玉木邸) 2 通常はドレープカーテンの後ろに下げるレースのカーテンを、手前に重ねることで、窓まわりにバリエーションができて、カーテンをインテリアとして楽しむことができる。タッセルは目線くらいの高い位置に使うのが効果的。(山田邸)

部屋を広く見せる窓の効果

　掃き出し窓の開口部は、垂れ壁をなくして天井まで広げることで、光をいっぱいに採り入れることができ、部屋を広く見せる効果もあります。また、サッシの室内側に内雨戸を付けることで、戸を閉めるとガラス面との間に空気層ができるので、より断熱効果が高まります。冬、床暖房を切った後の就寝時にも、暖まった空気を逃がさないようにできるのです。木製の内雨戸は、インテリア的にもすっきりしているのでおすすめです。

　内雨戸やロールスクリーンなどは、使用しないときは戸袋などにすっぽり収まるように設計します。カーテンレールなど見せたくない部分をカーテンボックスで隠すのも、さらにすっきりさせるポイントです。

1 使用しないときは、内雨戸は戸袋に収まり、ロールスクリーンは天井に隠れたカーテンボックスの中に収まるので、両方とも室内からは見えない。2 サッシの内側には、木製の内雨戸がある。(福地邸)

奥のサッシの上には垂れ壁があるが、天井からシェードを吊るすことで、壁の存在感を消すことができ、部屋を広く見せる効果がある。(中岡邸)

3 出窓部分の上に幕板をつけて、カーテンレールなどの見せたくない部分を隠している。(福地邸) 4 ロールカーテンは、天井付けにすると金具が見えてしまうので、後部に受けを付けて正面付けにすることで、美しく見せる。(片山邸)

第5章

部屋が見違える
視覚のマジック

知っているだけで、家の印象をぐんとアップさせることができる
効果的なテクニックがあります。
それは、空間のなかで視線が集中する場所、すなわち
「フォーカル・ポイント」を意識して演出すること。
手軽に部屋の雰囲気を変えたいと思ったときにも役立ちます。

1. 視覚のマジックを 理解する

門扉からのアプローチ。
目線が玄関に集中して、
お客様を「ようこそ」と迎
え入れる。（山田邸）

フォーカル・ポイントの印象で
家全体の印象が決まる

ホテルのロビーやダイニングなどに足を踏み入れたとたん、「別世界」に来たような気分になることはありませんか？ 空間のなかで視線が集中する「フォーカル・ポイント」が、美しいインテリアで演出されているからです。最初に目に入ったフォーカル・ポイントの印象が、ホテル全体の印象になり、訪れる人の心に強く焼きつけられるのです。

インテリアを美しく見せる基本は、まず、フォーカル・ポイントを整え、魅力ある空間にすること。日常の住まいでも、目に飛び込む一瞬のシーンで、人の気持ちがほぐれたり、心地よくなれたら、素敵だと思いませんか。

個々の場所の印象は、フォーカル・ポイントに左右されます。特に、家の第一印象となる玄関のフォーカル・ポイントは重要で、扉を開けてまず目に入る景色が、家全体の印象を左右すると言えます。ここに見せたいものを飾れば、人の目を引きつけるので効果的ですし、すっきり整えるだけでも、印象のよい家になります。逆に、いちばん目につくところが乱雑だったり、そっけない壁だけだと、家全体の印象が悪くなってしまいます。

各部屋のフォーカル・ポイントは、ドアを開けたとき、体が向いている方向の正面に見える場所です（下図参照）。私は住宅を設計する際、あらかじめフォーカル・ポイントになる場所に、見せ場をつくりやすくするようにしています。

実際に来客になったつもりで、自宅の玄関を開け、家に入ってフォーカル・ポイントをチェックしてみましょう。

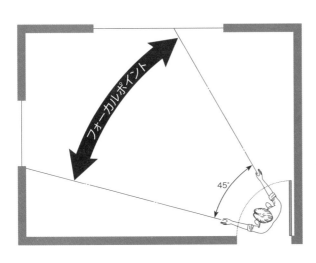

両手をまっすぐ前に伸ばし、両手の平の間を45°くらい離したときの、扇状の延長範囲がフォーカル・ポイント。引き戸の場合は、やや正面がフォーカル・ポイントになる。

お客様の目線で
家全体を見直してみる

　自分の家を初めて訪問するお客様になったつもりで、家をチェックしてみましょう。外に出て、玄関を入るところから見直してみてください。ドアを開けて、最初に目に入るものは何でしょう?　一番見せたい花や置物が、案外目に入りにくい場所に飾られていることに気づくかもしれません。

　玄関の次は、リビングやトイレなども見直してみましょう。見せたい物がフォーカル・ポイントにくるように、見せたくない物は視線から外れるように、移動してみてください。

　こんなふうに、フォーカル・ポイントになるコーナーごとに空間を整えていくやり方も、インテリア上達への近道です。

1

2

3

1 階段を上がっているときに目に入る廊下に飾り棚をつくり、家族の思い出の物を飾っている。(小川邸) 2 玄関ドアを開けたとき目に入る、正面の風景。和だんすの上に、季節ごとの飾りを置いて、絵もときどき掛け替える。(水越邸) 3 階段を上るとき目に入る風景。織物をタペストリーにして、目を楽しませる。(福地邸) 4 リビングのドアを開けると、広がるシーン。お気に入りの本を並べた棚や、アジアンテイストの雑貨が正面に。フォーカル・ポイントから外れたテレビは目に入らない。(水越邸)

4

玄関ホールの引き戸を開けると目に
入る、リビングの風景。吹き抜けの
効果でより明るい印象に。(荘邸)

2. 家の印象を決める 3つのフォーカル・ポイント

エントランス、玄関、リビングの３カ所で
印象の８割は決まる

　お客様の視点で家の中を見てみるとき、いちばん気をつけなくてはいけない
フォーカル・ポイントは、エントランス、玄関、リビングの３カ所です。まず、門
を入ったときに目に入る景色はどうでしょう。枯れた植木や水やり用のホース
があると、家のイメージはここですでにダウンしてしまいます。玄関を開けた
瞬間、目に飛び込んでくるのは、きれいに生けられた花や素敵な絵でしょうか。
靴箱に入りきらない靴や、折りたたんだ段ボール箱などではありませんか？
そしてリビングの扉を開けて最初に目に入るのが、テレビ台に乗った黒くて大
きいテレビだと、残念な印象です。効果的な見せ場となりうるフォーカル・ポイ
ントを整理して、目を引きつける空間にし、家全体の雰囲気を良くしましょう。

3つのフォーカル・ポイント（小川邸）

1.エントランス
降り注ぐ光の模様を楽しみながら門
を開けると、目に入るのは、両側の
緑に導かれた玄関アプローチ。

2.玄関
正面壁のモチーフは、家族の思い出
があるタイの伝統的な飾り壁。光を
当てると木の陰影が美しい。

3.リビング
ドアを開けるとそこは、明るく開放
感いっぱいのリビング。ソファ越し
に見えるアジアンテイストのダイニ
ング全体がフォーカル・ポイントに。

玄関のフォーカル・ポイントを
つくり直す

ドアを開けた瞬間に
目に入る空間を美しく

　玄関はお客様を迎える場所ですが、何よりも、住んでいる家族をほっとさせるための場所でもあります。一日外で働いたり勉強したりして、やっと家に帰って来たときに、気持ちのいいインテリアで迎えられたら、ホッとして疲れがとれるでしょう。逆に、たたきに靴がたくさん出しっぱなしだったり、ゴチャゴチャと生活感のあるものが目に入ったりすると、すっきりした気持ちになれません。

　そのためには、玄関はたっぷりの収納スペースがあり、フォーカル・ポイントを意識したインテリアになっていることが大切です。

　玄関をリフォームするだけでも、家全体の印象はガラッと変わるものです。毎日「お帰りなさい」と家族を気持ちよく迎えられる玄関のあり方を、考えてみてください。

（井藤邸玄関）

玄関のリフォーム──押切邸

Before

After

(Before)正面に階段の手すり壁があり、茶色の笠木が斜めになっているのが強い印象だった。奥のリビングへ続くドアも濃い茶色で、主張が強く、フォーカル・ポイントを煩雑にしていた。
(After)全体を白い空間にし、フォーカル・ポイントに階段を隠すインテリアパネルを設置。パネルは、横にスライドできる。

玄関のリフォーム──坂本邸

Before

After

(Before)フォーカル・ポイントの横長の窓から外のコンクリート塀が見えていた。靴の収納も、使いやすい位置がカウンターになっていて、不足気味だった。
(After)正面の壁をインテリアパネルにし、窓の大きさを変えて、美しい植栽が見えるピクチャーウインドウをつくった。

3. フォーカル・ポイントは移動する

階段を昇っている時間は長いので、目に入る
ものは重要。昇り始めるとき、昇っている間、
昇りきったときで、風景は変わる。（北原邸）

1 階段を昇ろうとすると、まず正面の絵とグリーンが目に入る。トップライトからの光で、明るい階段を昇りながら左の壁の絵も楽しめる。2 階段の最後、カーブするとまた新しい景色が見える。カーテン代わりに吊るしたタペストリーなど、季節によって飾りを変えている。(水越邸)

立ち位置が変わると
フォーカル・ポイントも変わる

　家の中のフォーカル・ポイントは、人の動きに連動して移動します。廊下や階段などを歩いている間は、目線の先にくる場所が、フォーカル・ポイントになります。家の中を歩くときに、どこに目線が行くかを意識してみてください。廊下は突き当たりの壁に、階段では踊り場の壁に、しばらく目が行きます。とくに踊り場は、階段を上がっている間じゅう目に入るので、大切なポイント。絵を掛けたり、観葉植物などを置けば、歩きながらインテリアを楽しむことができます。

4. 定位置から見える 景色を美しくする

ガーデニングが趣味の福地さんのために、大好きなバラがキッチンからいつでも眺められるプランを考えた。好きなものに囲まれて、幸せな気持ちで日々過ごしてほしいと思う。(福地邸)

料理や食事をするとき
目に入ってくるもので
気分良く過ごせる

　どんな家庭でも、それぞれの家族のひとり
ひとりに「定位置」があるはずです。食事を
するとき、あるいは食後にくつろぐときに座
る場所は、ある程度決まっているのではない
でしょうか。家族の「定位置」のフォーカル・
ポイントを確認してみましょう。

　ひょっとすると、フォーカル・ポイントに
扇風機を置いていつも食事をしていたり、ベ
ランダのエアコン室外機を視界に入れてお茶
を飲んでいる人も、いるかもしれません。逆
に、定位置から目に入るものが、自分が大切
にしているものだったり、好きなものだった
らどうでしょう。長い時間を、幸福感に包ま
れて過ごすことができるはずです。

1 妻がいつも座る食卓の席から見える写真は、子どもたちが小さかった
ころの家族の思い出。眺めるたびに心がなごむ。（小川邸）2 オープンキッ
チンで料理しているときに目に入る風景。春になると、美しい桜も眺め
られる。（新地邸）

アイ・スポットを活用する

　空間のなかで自然に視線が行く場所が「フォーカル・ポイント」であるのに対して、こちらから見せたいもの、見て欲しいものをつくりこんで、視線を強制的に惹きつける場所のことを「アイ・スポット」と呼んでいます。

　本来はフォーカル・ポイントになる場所に、目にして心地いいものを飾り、アイ・スポットにしたいのですが、フォーカル・ポイントにどうしても隠せないエアコンなどがある場合もあります。その場合は手前や横にグリーンなどを置いて、視線をずらす工夫をしてみてください。

レンジフードが見えるキッチンを、シノワ調のパーテーションで隠している。アイ・スポットがパーテーションになり、フードが目線から外れる。(小川邸)

1 玄関ドアを開けたとき、正面にあるのは下足入れの扉。2 右側のインテリアパネルをアイ・スポットにして、来客の目を引き付ける工夫。靴箱の扉は白で壁と同化させ、存在感を消している。(新地邸)

室内側から　　　　　　**外から**

当初、このバルコニーには壁出しの
水栓をつける予定だったが、「手持ち
のシンクもつけたい」というご要望
があり、悩んだ結果がこれ。縦のルー
バーで、和室からシンクが丸見えに
なるのを防いでいる。(永島邸)

構造上どうしてもとれない柱を利
用してつくった、キッチンのレンジ
フードを隠すためのアイ・スポット。
透けたガラスの小物を飾るのにちょ
うどいい棚に。(福地邸)

隣家に面した東の壁には、目線を外した2つの窓を設置。上の窓から光を採り入れ、下からは風を入れる。(小川邸)

5. プライバシーを確保しながら光を採り入れる

外からの視線を
遮りながら
明るさもあきらめない

都市の中の住宅を設計するときはいつも、光を採り入れながらいかにプライバシーを確保するかを考えなくてはなりません。近所の家や通りからの視線を気にしながら生活するのは、居心地の悪いものです。このような場合には、窓の役割を、採光と通風に分けて考えてみることをおすすめします。

隣の家とお見合いしてしまう場所には、窓をつくらないのが鉄則ですが、隣家の窓を避けて上下2カ所に窓をつくることで、光と風の通る気持ちのいい空間をつくることは可能です。

1

2

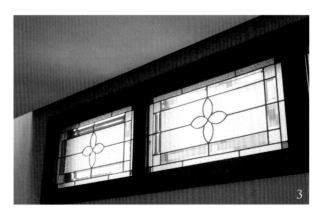

3

1 和室では座位が低くなるので、窓を低くおさえると落ち着く。垂れ壁をつくり、庭を見下ろせるようにした。開口を小さくすることで、ピクチャーウインドウの効果もある。(片山邸) 2 洗面室も、できるだけ明るくしたい場所。上下に窓を、正面に鏡を設置することで、合理的に壁面を使いきっている。(片山邸) 3 初めは普通の透明ガラスだったが、隣に家が建ったので、目線をさえぎるためステンドグラスに替えた。(新地邸)

6. 空間を広く見せる

大きいリビングではないが、吹き抜けと、外のデッキスペースとの床をつなげることで、広さを感じられる空間になっている。(荘邸)

デッキスペースを
囲い込むことで
リビングと一体化させる

　建築にはさまざまな制約があって、リビングやダイニングに十分な広さが確保できない場合もあります。

　広さに制限があっても、視覚的な効果を利用して、空間の広がり感を演出することができます。その工夫のひとつが、リビングから続くテラスの部分を、高めの塀で囲い込むという方法。テラス部分が室内の延長のようになり、広く感じられます。この場合は、テラスと室内の床の高さをそろえ、開口部は天井まで届く高さにして垂れ壁をなくすことで、目線がまっすぐ外に行き、外部とつながった感じになります。

　また、リビングやダイニングを吹き抜けにすることでも、空間に広がり感を持たせることができます。目線の先に空が見えて気持ちがいいものです。

1 12畳のリビング・ダイニングだが、デッキスペースとの一体感で、実際より広く感じる。(片山邸) 2 外部のテラスの奥行きは約2メートルだが、ルーバー状の壁の高さを高くして囲い込んだ空間にすることによって、室内との一体感が生まれ、広く感じられる。(福地邸)

狭いスペースも
デザインの工夫で
心地よい空間に

　あまり広くとれない空間の場合、鏡を使って実際より広く感じさせる、というテクニックを使います。配置のコツは、鏡を床から天井まで大きく使うことです。映り込むものが鏡の中に連続して見えるので、実際より広く感じます。

　小さな和室には、よく下の空間を空けた吊り押入れをつくります（p.135下）。床面積を広げることができますし、座ったときに目線に入らない高さにしておくと、空間を広く感じることができます。

1 大きなクロゼットの3枚の扉のうち1枚を、全面貼り鏡に。部屋を広く見せると同時に、身支度のとき役立つという合理性もある。（中岡邸）2 玄関脇に設けられた大きな鏡。タイ風の装飾壁が長く続くように錯覚させることができる。（新地邸）

3

4

5

3 リビングと奥の和室がつながった空間に
見えるように、木の天井を連続させている。
(新地邸) 4 出窓を設けることで、より広く
使うことができる。小物を置くスペースと
しても利用できる。(山田邸) 5 和室の扉を
開けると正面に見える吊り押し入れ。床面
積を広く感じさせる効果があり、下の窓か
ら光や風を入れることもできる。(永島邸)

7. ブラインド・ゾーンを活用する

見せたくない物を
さりげなく置ける

　空間には、フォーカル・ポイントとはまったく逆の性質で、「あえて意識しないと目に入らない場所」があります。その目に入らない空間を、私は「ブラインド・ゾーン」と呼んでいます。

　ブラインド・ゾーンは、飾ってもあまり効果がない代わりに、多少散らかしていても大丈夫な場所でもあります。たとえば、家具の陰、入口のドアの横の壁、玄関のついたて壁の裏など、必ずブラインド・ゾーンはあります。上手に利用すれば、見せたくないものを置く「息抜きスペース」にもなり得ます。

1 リビング側から見えないところにファクス機の置き場を設置。(坂本邸) 2 玄関の表から見えない、ポーチにある物置スペース。(井藤邸) 3 玄関を上がってリビングに入るとき死角になる場所にテレビを設置。(荘邸) 4 リビングから視界に入らない、テラスの裏を物干しスペースに。(坂本邸) 5 表札とインターホンのあるついたて壁の裏側に、独立した給水栓を設けた。植栽の手入れに必要なシャベルや、掃除道具、水撒きや、車を洗うためのホースもここに。(玉木邸)

3

5

4

掲載物件一覧（五十音順）

01 青木邸

所在地：東京都　世田谷区
敷地面積：101.09㎡（約31坪）
延床面積：110.4㎡（約33坪）
構造規模：木造2階建
家族構成：夫婦＋子ども2人

02 井藤邸

所在地：東京都　府中市
敷地面積：21.19㎡（約37坪）
延床面積：94.29㎡（約29坪）
構造規模：木造2階建
家族構成：夫婦

03 伊藤邸（リフォーム）

所在地：東京都　千代田区
リフォーム面積：90.75㎡（約27坪）
構造規模：RCマンション
家族構成：夫婦＋子ども1人

04 上谷邸

所在地：東京都　世田谷区
敷地面積：105.03㎡（約32坪）
延床面積：95.29㎡（約29坪）
構造規模：木造2階建
家族構成：夫婦＋子ども2人

05 上山邸

所在地：神奈川県　横浜市
敷地面積：175.45㎡（約53坪）
延床面積：146.97㎡（約44坪）
構造規模：RC地下＋木造2階建
家族構成：夫婦

06 浦崎邸（リフォーム）

所在地：東京都　練馬区
リフォーム面積：1期61.43㎡（約19坪）
　　　　　　　2期42.06㎡（約13坪）
構造規模：木造2階建
家族構成：夫婦＋子ども1人

07 岡崎邸（リフォーム）

所在地：神奈川県　横浜市
リフォーム面積：87.75㎡（約26坪）
構造規模：RCマンション
家族構成：夫婦

08 小川邸

所在地：神奈川県　横浜市
敷地面積：199.79㎡（約60坪）
延床面積：139.12㎡（約42坪）
構造規模：木造2階建
家族構成：母＋夫婦＋子ども2人

09 押切邸（リフォーム）

所在地：千葉県　八千代市
リフォーム面積：90.87㎡（約27坪）
構造規模：木造2階建
家族構成：夫婦

10 片山邸

所在地：東京都　練馬区
敷地面積：170.51㎡（約52坪）
延床面積：128.83㎡（約39坪）
構造規模：木造2階建
家族構成：夫婦＋子ども1人

11 金谷邸 (リフォーム)

所在地：神奈川県　川崎市
リフォーム面積：75.17㎡（約23坪）
構造規模：RCマンション
家族構成：夫婦

12 金子邸

所在地：東京都　国分寺市
敷地面積：273.63㎡（約83坪）
延床面積：108.08㎡（約33坪）
構造規模：木造1階建
家族構成：夫婦＋子ども1人

13 北原邸

所在地：埼玉県　さいたま市
敷地面積：202.24㎡（約61坪）
延床面積：111.89㎡（約34坪）
構造規模：木造2階建
家族構成：夫婦＋子ども2人

14 城處邸 (リフォーム)

所在地：東京都　文京区
リフォーム面積：75.64㎡（約23坪）
構造規模：RCマンション
家族構成：夫婦＋子ども1人

15 木村邸 (リフォーム)

所在地：東京都　目黒区
リフォーム面積：72.31㎡（約22坪）
構造規模：RCマンション
家族構成：夫婦＋子ども2人

16 後藤邸 (リフォーム)

所在地：東京都　世田谷区
リフォーム面積：79.3㎡（約24坪）
構造規模：RCマンション
家族構成：夫婦＋子ども2人

17 小林邸 (リフォーム)

所在地：埼玉県　春日部市
リフォーム面積：87.48㎡（約26坪）
構造規模：木造2階建
家族構成：夫婦

18 坂本邸 (リフォーム)

所在地：千葉県　佐倉市
リフォーム面積：1期76.53㎡（約23坪）
　　　　　　　2期60.5㎡（約20坪）
構造規模：木造2階建
家族構成：夫婦

19 佐藤邸

所在地：東京都　八王子市
敷地面積：118.57㎡（約36坪）
延床面積：103.54㎡（約31坪）
構造規模：木造2階建
家族構成：母＋夫婦＋子ども3人

20 島田邸 (リフォーム)

所在地：埼玉県　富士見市
リフォーム面積：66.00㎡（約20坪）
構造規模：RCマンション
家族構成：夫婦＋子ども1人

21 新地邸

所在地：神奈川県　逗子市
敷地面積：208.35㎡（約63坪）
延床面積：121.31㎡（約37坪）
構造規模：木造2階建
家族構成：夫婦＋子ども2人

22 荘邸

所在地：東京都　練馬区
敷地面積：262.11㎡（約79坪）
延床面積：122.54㎡（約37坪）
構造規模：木造2階建
家族構成：母＋夫婦＋子ども1人

23 高橋邸

所在地：東京都　調布市
敷地面積：148.78㎡（約45坪）
延床面積：109.29㎡（約33坪）
構造規模：木造2階建
家族構成：夫婦＋子ども2人

24 玉川邸

所在地：東京都　世田谷区
敷地面積：204.26㎡（約62坪）
延床面積：162.97㎡（約49坪）
構造規模：木造2階建
家族構成：母＋夫婦＋子ども1人

25 玉木邸

所在地：東京都　小平市
敷地面積：125.51㎡（約38坪）
延床面積：99.08㎡（約30坪）
構造規模：木造2階建
家族構成：夫婦

26 中岡邸（リフォーム）

所在地：神奈川県　川崎市
リフォーム面積：92.27㎡（約28坪）
構造規模：RCマンション
家族構成：本人

27 永島邸

所在地：東京都　東村山市
敷地面積：196.63㎡（約60坪）
延床面積：147.98㎡（約45坪）
構造規模：木造2階建
家族構成：母＋娘

28 西野邸（リフォーム）

所在地：千葉県八千代市
リフォーム面積：68.85㎡（約21坪）
構造規模：RCマンション
家族構成：本人＋母

29 西村邸（リフォーム）

所在地：神奈川県　川崎市
リフォーム面積：70.34㎡（約21坪）
構造規模：RC造地下1階
　　　　　木造2階建
家族構成：夫婦

30 沼尻邸（リフォーム）

所在地：千葉県　佐倉市
リフォーム面積：51.42㎡（約16坪）
構造規模：木造2階建
家族構成：夫婦

31 日野邸（リフォーム）

所在地：東京都　目黒区
リフォーム面積：84.43㎡（約26坪）
構造規模：木造2階建
家族構成：夫婦＋子ども1人

32 平山邸（リフォーム）

所在地：東京都　中央区
リフォーム面積：88.88㎡（約27坪）
構造規模：RCマンション
家族構成：夫婦＋子ども2人

33 福地邸

所在地：東京都　練馬区
敷地面積：113.03㎡（約34坪）
延床面積：101.04㎡（約31坪）
構造規模：木造2階建
家族構成：夫婦＋子ども1人

34 福山邸（リフォーム）

所在地：東京都　杉並区
リフォーム面積：36.12㎡（約11坪）
構造規模：RCマンション
家族構成：夫婦＋子ども1人

35 フレミング邸
（リフォーム）

所在地：東京都　青梅市
リフォーム面積：142.42㎡（約43坪）
構造規模：木造2階建
家族構成：夫婦＋子ども4人

36 水越邸

所在地：東京都　練馬区
敷地面積：132.24㎡（40坪）
延床面積：128.34㎡（約39坪）
構造規模：木造2階建
家族構成：夫婦＋子ども2人

37 三井邸

所在地：神奈川県　横浜市
敷地面積：161.70㎡（約49坪）
延床面積：127.25㎡（約38坪）
構造規模：木造2階建
家族構成：夫婦＋子ども2人

38 森尻邸（リフォーム）

所在地：埼玉県　志木市
リフォーム面積：84.44㎡（約25坪）
構造規模：木造2階建て
家族構成：夫婦＋子ども3人

39 山田邸

所在地：東京都　中野区
敷地面積：162.78㎡（約49坪）
延床面積：138.93㎡（約42坪）
構造規模：木造2階建
家族構成：夫婦＋子ども2人

撮影／永野佳世、馬渡孝則（押切邸　山田邸）

水越美枝子 Mieko Mizukoshi

一級建築士。キッチンスペシャリスト。1982年日本女子大学住居学科卒業後、清水建設（株）に入社。商業施設、マンション等の設計に携わる。1991年からバンコクに渡り、住宅設計の傍ら「住まいのインテリア講座」を開催、ジムトンプソン・ハウスのボランティアガイドも務める。1998年、一級建築士事務所アトリエ・サラを、秋元幾美と共同主宰。新築・リフォームの住宅設計からインテリアコーディネイト・収納計画まで、トータルでの住まいづくりを提案している。手がけた物件は約300件以上。日本女子大学非常勤講師、NHK文化センター講師。著書『40代からの住まいリセット術—人生が変わる家、3つの法則』（NHK出版・生活人新書）、『一生、片づく家になる!』（小社刊）ほか多数。

一級建築士事務所
アトリエ・サラ

[主宰]水越美枝子/秋元幾美
大泉事務所　TEL 03-5933-2734/FAX 03-5933-2733
市ヶ谷事務所　TEL 03-3234-1012/FAX 03-3234-1013
[スタッフ]須田圭子/鷹野亜沙美/岩崎智子/井坂明子/田中祐子/小林暁子/飯田恵子（植栽）/光宗彰子（レンダリング）/今道千里（ホームページ）
http://www.a-sala.com
instagram@atelier_sala

この本は2015年に出版した、エクスナレッジムック『いつまでも美しく暮らす住まいのルール』に大幅に加筆・修正を加え、書籍化したものです。

増補改訂版
いつまでも美しく暮らす住まいのルール
——動線・インテリア・収納

2023年3月23日　初版第1刷発行

著　者　水越美枝子
発行者　澤井聖一
発行所　株式会社エクスナレッジ
　　　　〒106-0032　東京都港区六本木7-2-26
　　　　https://www.xknowledge.co.jp/

〈問い合わせ先〉
編　集　Tel:03-3403-6796　Fax:03-3403-0582
　　　　info@xknowledge.co.jp
販　売　Tel:03-3403-1321　Fax:03-3403-1829